JN188479

アセスメントでつかむ！

家族の対応が難しいケースのケアマネジメント術

意向が違う
サービスを拒む
暴言・暴力を振るう

石山麗子 編著

第一法規

はじめに

　利用者支援に奔走するケアマネジャーの視線の先には常に家族の姿があります。利用者の尊厳と自立、幸せを願えばこそです。また、多様化する家族像、重層化した課題を抱える世帯は増加し、いまや家族支援の視点をもたずにケアマネジメントを行うことは考えられない時代となりました。

　これに先駆け、筆者は平成25年に厚生労働省の法定研修のカリキュラム検討委員会で家族支援の科目導入について提言し、実現していただいた経緯があります。一方で、ケアマネジャーが行う家族支援はいまだ学問体系化されておらず、その定義と分類、実践技法に関する共通認識は存在しません。そのため、ケアマネジャーは家族支援の実践理論を学ばないまま家族支援を行わざるを得ない環境におかれています。そのことは長年気がかりでした。知識不足のまま実践すればあらゆる意味で負担感は増えるからです。

　今回、幸運にも第一法規様からケアマネジャーが行う家族支援の書籍を出版する機会をいただき、ケアマネジャーが積み重ねてきた実践知の整理を試みるために国際医療福祉大学大学院 ケアマネジメント専攻の大学院生・修了生で構成する家族支援研究会のみなさまと事例をもとに議論しました。本書は、ケアマネジャーが行う家族支援のなかでも、居宅介護支援事業所のケアマネジャーが行う家族支援を解説編、事例編としてまとめたものです。読者のみなさまが実践される家族支援の一助となれば幸いに存じます。

2024年11月

石山麗子

目 次

解説編 家族を支援するための知識と手法

第1章 ケアマネとしてもっておきたい
家族支援の視点 …………………… 10

事例編

家族支援の実践
―意向が違う、サービスを拒む、
暴言・暴力を振るう―

解説編

家族を支援するための知識と手法

第1章
ケアマネとしてもっておきたい
家族支援の視点

1.「家族支援」とは何か

　「家族支援」とは、家族全体を支援することで、よりよい利用者支援を実現する支援のことを言います。実際、看護の領域では、家族看護学という学問と実践が存在するように他職種も行っています。それとは別に介護支援専門員（以下、ケアマネジャー）独自の家族支援は実践上確かに存在し、目覚ましい成果を上げています。現に介護支援専門員法定研修のカリキュラムでも「家族支援」という言葉が使われています。しかし、公式の定義、体系化された理論や実践技術はまだ存在していません。本書では、ケアマネジャーがこれまで蓄積してきた大切な実践知から整理を試み、そこから見えてきたケアマネジャーが行う家族支援について解説します。

　ケアマネジャーが行う家族支援は「利用者支援のための家族支援」と「家族自身を支援する家族支援」に大別されます。支援技法は、相談援助職として相談援助技術を活用した面談、支援過程全体を見据えたアプローチプランの想定（第2章「コラム　アプローチプランの設定」（P.85））、社会資源の活用があげられます。もちろんこの支援技法は、利用者支援でも用いますが、家族支援ではことさら相談援助技術を活用した面談が重要となり

ます。その理由は、わが国には家族支援だけを目的にした制度は存在しませんので、活用できる社会資源は多くはないからです。実際に、本書の事例を通じて確認すると、ケアマネジャーの意図的な面談と支援過程全体を見据えたアプローチプランが、その後の家族の状況に影響していることが見えてきました。これらについては本書全体を通して少しずつ解説していきます。

　家族支援は居宅、施設、グループホーム等ケアマネジャーが活躍する場所ごとに、それぞれの実践方法があると考えられます。本書では家族とのかかわりが最も多く、家族支援の必要度が高い居宅介護支援事業所のケアマネジャーの実践方法について取り上げています。

2．なぜ家族支援に取り組むのか

　人を対象とする専門職が支援活動を行う理由は「そこに支援の必要な人と状況があるから」に尽きます。そのような職種の1つであるケアマネジャーにとって主たる支援対象者は要支援・要介護の状態にある者（以下、要介護者等）です。それだけでも忙しいのに、なぜケアマネジャーは家族を含めた支援にもいそしむ必要があるのでしょうか。「在宅においては家族は本人の介護にかかわるから」、「本人を支援するために家族にも目を向けなければ支援が成立しないから」、「社会保障制度のサービス等、他者の支援を受けることが望ましい状況にありながらアクセスできていない家族がいるから」、「経済的問題を抱えているから」など、その他にも多くの理由があるでしょう。

　本項では、どうしてケアマネジャーが家族支援を行う必要があるのか、その理由を整理していきます。

1）介護は他者の関与を受けるため

　利用者本人にとって、日常生活のなかで最も身近で、かかわりがあるのは家族です。他者の関与（かかわり）を前提としている介護では、最も身近にいる家族の助けを必要とし、何らかの形でかかわりを求めることも多いでしょう。そのような場合において、ケアマネジャーは利用者支援の一環としてその家族が行う判断や介護のサポートをするために家族支援を行う必要があると言えます。

　介護のために必要という視点での家族支援には、

①家族に特段の問題がない場合

②家族が介護負担を感じつつ、ようやくバランスを保っている場合

③家族自身に支援が必要ななかで、その家族が介護者である場合

など様々なパターンがあります。例えば本書の事例5（P.151）では、「③家族自身に支援が必要ななかで、その家族が介護者である」事例について解説しています。

2）家族は介護から逃れることが難しいため

　主な介護行為に食事、排せつ、清潔行為等があげられますが、それは人が生きるうえで欠かせない日常生活行為です。介護行為によって、日常生活の連続性が保たれなければ、本人の健康や生命に影響しますので怠ることができません。つまり家族にとって介護とは、逃れられないものであり、そのプレッシャーが家族の負担になっている可能性があります。その負担を軽減するために家族支援が必要です。

3）積み重ねてきた生活の要素に転換を求められるため

　本人と家族は、簡単に切ることのできない家族という関係、途絶えさせることのできない日々の生活で積み重なる時間、逃げようのない家という

場を共有しています。

　特に日々の生活で積み重なる時間には以下の要素があります。

・地域性・文化・躾・教育・価値観・経験・嗜好等の時間を積み重ねて形成された習慣

・気候・地域性・文化・価値観・経済・家族構成・家族のライフコース・健康状態等を考慮して設定してきた居住環境

・本人とその世帯の収入や相続等の経済状況や経済観念

　しかし、家族の構成員（以下、家族成員）に介護の問題が生じることで、これまで家族で積み重ねてきた生活の要素を見直さざるを得ない状況が生じます（図表1）。それに伴い、心理的・身体的・経済的な負担がかかり、ストレスを感じやすい状態となります。ストレスの結果、場合によっては本人の支援によくない影響を及ぼすこともあり、ケアマネジャーはそれを防ぐためにも家族支援が必要という見方もあるでしょう。

　図表1　介護と生活の関係と介護にまつわる生活要素

著者作成

4）それまでの家族の暗黙のルールでは対処できないため

　家族は相互に影響し合っています。特に同居家族の場合は同じ居住空間

で日常生活を共にすることにより、家族内で暗黙の役割認識をもち、情緒的にも相互に関係しながら生活しています。そのため、家族をアセスメントするときは、単なる介護の役割分担に目を向けるだけでは足りません。家族成員の中に介護を必要とする人が生じることの意味を、家族の立場で捉える視点が求められます。

　家族には介護という家族全体の問題を受けとめつつ、介護が必要となった家族成員の変化も受容していく心理的な負担が生じます。具体的には要介護者等の家庭内での存在の意味、暗黙で続けてきた役割、力関係に変化が生じます。他人とのかかわりに比べて、家族という関係はあえて言葉をかわさず暗黙のルールで済ませてきたことが多くあります。しかし、介護という家族問題が生じると、もうそれでは不可能です。話し合いによって乗り越えなければなりません。その際、家族の結束力や適応力、家族としてこれまでしてきた経験によって問題への対処方法や対応力は異なります。

　ケアマネジャーが介護を切り口に家族にかかわることによって、家族にとっても、これからの本人の介護、家族内での役割、介護に対する家族全体の方向性などの判断を整理する手助けとなります。そのため、ケアマネジャーは本人と家族に対し必要な介護関連情報の説明や、多職種とともに生活の将来予測に基づくサービスの提案などを行うのです。それ自体が家族支援であり、多くのケースにおいて行っているケアマネジャーの家族支援の基本と言えます。

５）家族自身に支援が必要であるため

　居宅介護支援事業所のケアマネジャーを対象とした三菱総合研究所の調査では、利用者の家族に関し「特に問題はない」との回答は22.8％にとどまりました[1]。つまり、ケアマネジャーは何とケースの8割について、家族に何らかの問題があると判断しているのです。これが高齢者介護をとりま

く現状です。

6）家族を納得させないと利用者支援に到達できない場合があるため

　2022年の国民生活基礎調査[2]によると、要介護の原因となった疾患は比率の高い順に認知症、脳血管疾患、骨折・転倒です。認知症だけではなく、脳血管疾患による血管性認知症、高次脳機能障害、要介護状態の重度化による意思表示能力の低下等により、家族がサービス利用の判断・決定で前面に出てくる状況は珍しくありません。

　制度上は利用者本位、利用者の選択によるのですが、現実は別の次元の難しさがあります。たとえケアマネジャーや多職種の見立てで必要性を判断していても、家族が納得しなければ話は先に進みません。ケアマネジャーから見れば、家族が目の前に立ちはだかる高くて分厚い壁のように感じることすらあるかもしれません。

　家族が納得しない背景は様々です。例えば次のようなことが考えられますが、他にもあげればきりがありません。

- サービスを利用しないことによる重度化リスクを理解していない
- 身体機能が向上することによって本人の自立性が高まってかえって転倒等のリスクが生じることをおそれている
- 特に通所系サービスの場合には準備等含め面倒、訪問系サービスは家に人が入ってくることがストレス
- 利用料が生活費を圧迫する、医療はともかく介護にお金をかけることを必要な支出として納得できない、（相続人として）本人の資産を少しでも減らしたくない

　まとめると、本当は本人が利用するサービスなのですから、本来、意思

決定権限は本人にあるのですが、本人の認知機能や家庭内の力関係から実態はそうではなく、家族の合意を得なければ次のプロセスに進められない状況があるということです。

　実際、本書の事例4（P.135）では、長男が「家族のためにがんばってきた父親を長男として責任をもって介護したい」という固い意志に基づき、介護サービスを入れずに自己流介護を熱心に行っています。そのような状況のなかで、ケアマネジャーは、長男の意志の背景を教えてもらうために懸命かつ実直な姿勢で長男との信頼関係を築き上げていきます。

7）家族の問題を発見できるため

　家族の問題は、本人の介護にまつわることから、家族自身の問題まで様々です。例えば、配偶者にも要介護認定申請が必要、家族に障害の疑いのある子がいる、引きこもりの子がいる、アルコール等依存症の人がいる等、問題は様々です。ケアマネジャーは家を訪問する相談援助職という特徴があるからこそ家族の問題を発見できると言えます。通院医療、通所系サービス、訪問系サービスのように、本人の身体に触れながら限られた時間で対応するのとは違います。座って、本人・家族と向き合って面談をするから見えること、語ってもらえることがあります。

　利用者の居所を訪問することでおのずと目に飛び込んでくるものがあり、ケア全体をマネジメントするために、アセスメントを行う、という機能があるからこそ同居・別居にかかわらず家族情報を収集することが許されています。高齢領域における家族支援は、他の職種にはない、ケアマネジャーのみがもつ機能、専門性です。

　多忙なケアマネジャーにとっては大変かもしれませんが、家族のことが外に開示されにくい時代だからこそ、家を訪問するケアマネジャーの職務と機能に、家族支援という観点からも一層期待がかかるのです。

　ここまでの内容で、なぜケアマネジャーが家族支援を行うのか、その必要性と目的をご理解いただけたのではないかと思います。次項では、その家族支援がなぜ難しいのか、整理していきたいと思います。読者のみなさんの中にも、家族の関与によって、かえって支援が難しくなったケースなど、ご経験があるのではないでしょうか？

3. どうして家族支援は難しいのか

1）家族支援を難しくしている環境要因―現在のケアマネジャーを取り巻く状況―

①家族形態は変化・多様化・個人化しているのに家の意識は残るから

　日本の家族形態は戦後と現在を比べて変化していることは周知のことで、介護保険法が施行された2000年と今を比較しても変化していることはケアマネジャーのみなさんも熟知しているかと思います。

　戦後もわが国では、家族は家と家の結びつきという考え方によるものでした。高度成長期にかけて「近代家族」といわれる理想、あるいは健全だとされる家族モデルの考え方がありました。それは、夫婦と未婚の子の核家族のことです。「近代家族」と異なる場合には家族の病理とみなされていました。

　今日では、家族をつくることは個人の自発的・選択的な意思に基づくもの（家族の個人化現象）となり、わずか数十年のうちに家族の形態と、実態に伴う人々の家族に対する認識と意識は激変しました。

　三世代世帯から核家族、単独世帯へと家族規模は縮小化しているのですから、もちろん家族機能も縮小化します。そうすると家族のなかの弱い立場の人にしわ寄せがいきます。

　また、介護は家計とのバランスが必要ですが、厚生労働省「国民生活基

礎調査の概況」によると高齢者世帯の1世帯当たり平均所得金額は、2000年は319.5万円[3]、2022年は304.9万円[4] で減少しています。物価上昇も加味すれば、さらに生活は厳しくなっています。

　しかし平均寿命は2000年と2022年を比較すると約3歳延び、経済的ゆとりのない中、医療や介護サービスを長く活用しながら生きていかなければならない状況になっています。

　今の後期高齢者の人からすれば「よもや自分がこんなに長生きするとは思わなかった」、家族にしてみれば「自分も高齢者の仲間入りをしているのに親の介護をするなんて」と、このような状況は当初の人生設計にはなかったことでしょう。

　そしてこのような状況はおそらくわが国の歴史だけではなく、世界的に見ても過去に例を見ない変化だと思います。日本では介護保険が導入されたことで、当時と比べて介護の社会化は格段に進みました。とはいえ、人々の心の奥深くには依然として「家族のことは家のなかで対応するものだ」というアジア圏域特有の意識も根強く残っています。そのため、本人に急変が生じると、突然、普段はかかわりもなかった家族が現れて前面に出てくるなど、ケアマネジャーや専門職にとって支援上の困難さを感じさせるような行動をとる家族もいます。その行動原理にはこれまでの家族形態で培われてきた文化も関係しており、当人に悪気はないのです。

　私たちは「家族」の変化の渦中にいるために当たり前のように感じていますが、歴史上極めて異例の状況を体験しているのです。そのような稀有な社会状況、人々の意識の変化によって家族形態が変化、多様化、個人化されてきているなかで、ケアマネジャーは家族支援を行っているのですから容易ではありません。そのため、家族支援には、歴史、文化、社会学、家族心理等も踏まえた、幅広い知識とケアマネジメントにおける「家族支援学」といった体系的な学習が欠かせないのです。

②習わず実践しているから

　家族支援を体系的に学んだことのあるケアマネジャーは極めて少ないと思います。なぜなら高齢者福祉分野における家族支援は学問として体系化されていないからです。これまでは家族看護学や社会学など近接領域の家族支援を学び、それを応用して実践するほかありませんでした。

　介護保険の範疇（はんちゅう）で考えるとケアマネジャーの法令上の支援対象は要介護者等本人です。家族支援に関する条文、方法、知識、項目や様式は示されていません。だからといって行ってはならないという条文もありません。何ともあいまいな位置付けなのです。

　家族支援は2018年からケアマネジャーの法定研修に導入されましたが、ケアマネジャーが行う家族支援の定義、目的、方法論、実行に必要な様式と実行方法の解説等はいまだ確立されていません。ケアマネジャー個々の経験知に基づいて実践されているのが実情です。

　ここまで読んでご理解いただけたと思いますが、家族支援はなぜ難しいかといえば、習っていないのに実践しているからです。後述する家族アセスメントを言語化（記録、専門的説明）していないことに始まり、家族に対するアプローチプラン（第2章「コラム　アプローチプランの設定」（P.85））も存在しません。

　全国で共通理論に基づく教育を行うとするなら、まずは実践をベースに、研究によって理論を構築していきますので、これから基盤整備をするということになります。仮に理論体系を確立したとしても、ケアマネジャーの法定研修では高齢者のケアマネジメントにおける家族支援を体系的に教えるには時間数が足りません。

　本書は高齢者のケアマネジメントにおける家族支援について、実践から得られた知見をできるだけ体系的に整理することを試みた第1歩となる書籍です。そして、事例と照らし合わせてお読みいただくことで、実践で活

用できるように工夫しています。

③ケアマネジャーの教育の一連は利用者本位であり、様式等は利用者の自立支援のためのものだから

　ケアマネジャーの教育は利用者の尊厳の保持、利用者本位、利用者の自立支援といった理念に基づいています。ケアマネジメントはニーズオリエンテッド（ニーズ優先）の手法で、すべての支援の基点はニーズです。そのために、ニーズを的確に抽出するためのアセスメントが最初に行われますし、最も重要だといわれるゆえんです。

　そのニーズ抽出は利用者の自立支援のために行うのですから、アセスメント項目（課題分析標準項目）も利用者の情報収集が主となっています。当たり前のことばかりですが、家族に関するアセスメント項目は少ないのです。だからこそ、ケアマネジャーは自分の経験と勘を頼りに「この家族の場合には、こういうことを確認しておかないと！」と努力してきたのです。

　家族支援は実践上、不可欠なものだと感じる一方で、自分の経験と勘を頼りにした家族への対応や、家族も含めた調整に葛藤や悩みを抱える場面は少なくなかったでしょう。葛藤や悩みを覚えた経験のある方は、それこそが本人と家族を大切にした実践をしてきたことの証明となります。

　このような経緯と近年の家族支援の必要性、何よりも意思決定支援者としての位置付けの強化から、2023年10月に発出された最新の課題分析標準項目では、家族情報の収集項目が増えました。

2）環境要因以外の理由―家族を捉えることの難しさ、家族支援の範囲の広さ―

①家族を知ろうとすると本人アセスメントとは別に「家族アセスメント」
が必要となるから

　家族とは法的な定義もありませんし、一定の形式によるものでもありません。愛情関係による結びつき、ケアし合う関係、経済による結び付きなど、戸籍によらない共同生活者を互いの家族と呼び合う場合もあり様々です。一方で戸籍上は家族なのに、ケアし合う意識を失ったり、苦痛を感じたりしながらも理由あって現状を変えることはできず共に暮らしている状況もあります。家族の数だけ家族のありようがあるため、ケアマネジャーが担当ケースにおける家族の特徴を正確に捉えることは難しく、家族支援が難しい要因の1つとなっています。

　家族の特徴を捉えてよりよい家族支援を行うためにも、ケアマネジャーは家族アセスメントを行いましょう。家族アセスメントとは家族の全体像を捉えつつ、家族成員1人ひとりも捉えていくアセスメントのことです。これについては、第2章で解説していきます。

②別居家族にも求められるから

　家族は、今日では同居して日常生活を支え合う存在という意味に加え、医療やケア、資産といった人生の大切かつ大きなターニングポイントで意思決定支援にかかわる人という位置付けが強くなっています。そのため、ケアマネジャーが家族とかかわるときに、「同居家族ではないから家族アセスメントは軽めに」とか、「モニタリングや経過報告は別居家族だからそんなに必要ではない」などと考えていると、大切な意思決定のときに、空白の期間、知らない経過のツケがまわってくることで、本人の意見を尊重した決定が難しくなるかもしれません。別居している家族側にしてみれば経

過を十分に知らない状態で意思決定の場にいるのですから当然です。独居世帯、かつ認知症の人が増加するなかで、ケアマネジャーが別居家族とどうかかわるかは、家族支援の技量が問われます。

③認知症独居の場合、家族や近隣住民に過度な期待をされるから

　認知症独居の場合には、近隣住民の理解と協力が欠かせません。要介護認定を受ける頃には、近隣の人は本人に対して何かしらの心配やフォローをしてくれている可能性があります。例えばゴミの分別が十分ではない、ゴミ出し日を間違えている、さりげなく灯りがついているかの安否確認、失火がないかと心配する等です。家族がいないがゆえです。そこへケアマネジャーの関与が始まると近隣住民は安心し、ケアマネジャーに過度に期待したり、時に苦情の窓口と化していくことがあります。

　他方、家族が遠方の場合には、家族から「ケアマネさん付いたから、もうこれで安心！」と、いざというときの家族代わりとしての役割などの面で過度な期待をかけられることがあります。それはできないと言っても家族が現実的に対応できなければ、本人が困ることを一番知っているのはケアマネジャーです。やむを得ずケアマネジャーが対応せざるを得ない状況となりがちです。しかしその小さな実績の積み重ねは、地域・家族から見て「やっぱりケアマネさんやってくれた！」という次の期待を生んでしまう一面があります。このような状況でどこまで支援を行えばよいのか、といったジレンマや遠方の家族に協力を得ることに難しさを感じるケアマネジャーは少なくないでしょう。

④家族の複線的な相互関係を捉えるから

　時間軸で支援過程を捉えるとき、本人支援は、本人の生活歴、現在の生活、将来予測など、過去・現在・未来の１本の線上で考えることができま

す。しかし家族も含めると、最低でも2本の線（配偶者、子など）、さらに孫等がかかわるケースではたくさんの線で考えることになります。複線の時間軸（過去・現在・未来）、そこに家族の相互関係が加わり、大変複雑な分析となるのです。そのため家族支援では、家族個々のライフステージを並べて可視化することで家族全体を視覚的に捉え、分析する方法もあります。このことは、第2章「3．ファミリーライフサイクルピクチャーの活用による時間軸を含めた家族像の把握」（P.66）で説明します。

⑤聞いてほしい家族以外は家族のことを開示しないから

　ケアマネジャーは本人支援を中心とした存在です。そのような的確な理解ができている家族ほど介護の物理的負担は語ったとしても、その背景情報となる自分のこと、家族成員1人ひとりのこと、関係性のこと、過去からのいさかい、家族同士の確執等について明け透けに話すことは少ないでしょう。家族関係のことや家族の歴史等は、やはりケアマネジャーに対する相当の信頼関係ができてからでなければ語られません。

　一方で信頼を得ると、介護だけではなく家庭問題、中には離婚の相談まで受けることもあります。どこまでがケアマネジャーが行う家族支援かと問われると判断に迷います。行為別にここまでが家族支援の範囲、ここから先はと判断できるような単純なことではありません。このような場合、答えは1つではありません。その問題が本人の在宅生活の安定性にどれだけ影響を及ぼすかという観点で判断することになるでしょう。

⑥ケアマネジャーが家族成員1人ひとりに関心を注ぐ必要があるから

　家族支援といったときに、読者のみなさんは誰のことを思い浮かべていますか？多くは主介護者、キーパーソンだと思います。もし、それだけの理由で無自覚に家族へのかかわりの濃淡を決めているとしたら、少し慎重

になる必要があるでしょう。

　既に述べたように、それ以外の家族も本人、主介護者、キーパーソンと影響し合っている可能性があります。日常生活の支援だけではなく、意思決定支援者として家族を見渡したとき、ケアマネジャーが関心を注ぐ範囲は誰なのか、専門職として関与する以上、方針と目的をもって家族支援の範囲を見極めることとなります。自分の判断に方針と目的がなく無自覚であれば、異なる視点であえて見てみようという自己批判の観点を失い、自分の考えの偏りに疑問をもてなくなります。

　厚生労働省が定める課題分析標準項目の中のアセスメント項目のうち、家族のアセスメントの範囲は極めて狭いゆえに、どこまでアセスメントするかはケアマネジャーの判断に任されています。そのため、無自覚の判断をなくし、意図的なアセスメントにしていく必要性は高いのです。

　実践上、担当ケアマネジャーが家族アセスメントの範囲をどこまでと捉えているかによって本人を含むケース全体の将来予測は変化します。要するに、大切なのはケアマネジャーが家族の1人ひとりに関心を注ぎ、意図的にかかわれるかです。本人支援より一層、ケアマネジャーの自己覚知、自己批判、分析力が家族支援には求められます。

⑦ケアマネジャー自身の家族像があるから

　ケアマネジャーが支援をするとき、自分とケースを切り離していても、やはりベースには自分の家族像があり、担当ケースの家族を見立てるときに影響を受けることがあります。

　だからこそ一度は、生まれ育った家族、自分でつくった家族はどのような家族なのか、自分の成育歴と生活歴を書き出して、自分の家族に対する印象を書き出すなど言語化しておくと、ケースを見立てるときに、より客観視できるようになるでしょう。

３）家族支援は複雑なのに言語化していないから

　ここまでお読みいただくと、ケアマネジャーが行っている家族支援がいかに複雑で高度な技術に基づくものなのかご理解いただけたかと思います。しかも前述のとおり、習ってもいない技術です。ところが驚くことに、多くのケアマネジャーはこれらを頭の中での思考と記憶にとどめています。複雑な思考をするときには、頭の中だけで考えるには限界があります。可視化し、経過を確認することで自分の思考を客観視したり、他者とのディスカッションを通して、他者の意見を取り入れることで広がりのある支援が可能となりますので、ぜひ実践してみてください。

４．家族支援の基本的な考え方

　ここからはケアマネジャーが家族支援を行う際の基本的な考え方について、ここまでで紹介してきた内容を含めながら、改めて整理します。

１）家族支援の移り変わり

　ケアマネジャーの介護保険法上の支援対象は要介護者等ですが、実践の実態から家族への支援を行っている功績は誰もが認めることでしょう。しかし、家族支援の考え方は2014年頃からのことです。そのつい数年前、筆者が大学院在学中に行ったケアマネジャーによる家族支援の研究を学会等で発表したときは、ケアマネジャーは利用者本位の支援なのに家族を支援するとは何たることか、と批判を受けたものです。しかし、2016年以降、介護支援専門員法定研修への導入、安倍政権時代に示された「新三本の矢」で仕事と介護の両立支援を切り口に、家族も支援するという考えが政策的にも全面に押し出され、今では家族支援を行わないなど考えられないこととなりました。

　とはいえ、仕事と介護の両立支援は、家族支援の一部に過ぎません。ケアマネジメント家族支援学という体系化された学問はまだ確立していませんが、実践上のケアマネジメントにおいては、利用者だけではなく家族も対象として支援を行っています。本来、専門職として家族支援を行うためには、社会的、文化的背景に応じた家族という概念の理解を踏まえ、支援対象としての家族をどのように捉えたらよいのか明らかにしておく必要があります。本書では、ケアマネジャーの実践事例を基に、その要素を抽出しながら展開しています。

２）何のために、家族の誰に目を向け、どのような方針で支援するのか

　専門職が支援を行う場合には、対象を確定し、支援の方針や目標を定めます。これは個々のケースに対して行う前に、その職種が行う支援の対象と支援方針について前提となる共通の認識を持ち合わせている必要があります。そこで、本書では要介護者等へのケアマネジメント実践における家族支援を次のように考えます。

［何のために］利用者の生活の安定を図るために
［家族の誰に］家族成員１人ひとりと、家族全体に目を向ける
［どのような方針で］介護問題を抱える家族の力を最大限に引き出し、家族全体の生活の安定を目指すとともに、危機回避・危機に備える力をつける

３）家族支援の必要性

　前述したように、ひとたび家族成員の誰かに介護が発生すると、要介護者等だけでなく家族もまた影響を受け、家庭内の役割と関係性、生活リズムその他生活の多くに変化を来します。家族システム論では家族成員の変

化は必ず家族全体の変化となって現れる全体性、1人の家族成員の行動が
家庭内に次々と反応を呼び起こす循環的因果関係があるとされています。
ケアマネジャーの介護保険法上の支援対象は本人ですが、本人の変化と家
族全体の変化は関連していますので、本人支援のために、本人以外の家族
成員と家族全体の安定性にもそれぞれに目を向ける必要があると言えるで
しょう。

４）ケアマネジャーが行う家族支援の基本形

　家族内に問題が生じたとき、家族はその家族ごとにもともと持っている
結束力（きずな）と舵取りできる柔軟さといった適応力で対処します。生
じている問題が過去に類似の経験があるものか、その家族や家族成員が得
意とする領域なのかどうか、という点も対処できるかどうかに関係します。

　また、問題にうまく対処することができているように見えても、介護に
よって生活習慣や居住環境の改修など生活基盤の変更を余儀なくされ、い
つまで続くかわからない先の見えないなかで忍耐力と介護を行い続ける持
久力が家族に要求されます。さらに対処に当たって、他人には語らない努
力や悩み、自身すら気づいていない潜在的課題がないとは言えないでしょ
う。つまり、どこかで限界がきて問題が浮かび上がる可能性もあるという
ことです。

　これらの状況に加えて、家族成員1人ひとりと、家族全体の両方の安定
性が保たれてようやく本人の在宅生活も安定するという構図があることを
踏まえれば、ケアマネジャーが本人への支援を中心にしているからこそ家
族支援を行うことが必要になることがわかります。そして家族に問題がま
だ浮かび上がっていない場合も含め、介護に関連するすべての家族を支援
の対象とすることが家族支援の基本となるでしょう。

5）その家族が潜在的にもつ力を最大限に発揮させること

　ケアマネジャーが本人支援を目指して家族支援を行うとき、介護という課題に対応するためその家族が潜在的にもっている力が最大限に発揮されるよう意識することが大切です。利用者の支援ではエンパワメントを行いますが、家族においても同様です。家族成員1人ひとりと家族全体のエンパワメントが重要です。

6）ファミリー・サイクルを捉え、家族の成長を促す

　ケアマネジャーが行う家族支援の学術的定義や方法論について、いまだ共通認識を見ませんが、近接領域の学問を参考にしながら考えることができます。

　看護の領域における家族発達理論では「家族の変化の過程を家族の成長、発達であると考えて、その家族のたどる周期的変化の各期」[5]があるといわれ、家族看護学では「家族を個人と同様に発達していくものとしてとらえ、発達段階やライフサイクルがあると考える」[6]といわれています。本書では、このような家族全体の変化の過程のことをファミリー・サイクル（家族周期）と表記します。

　家族システム論では家族システムは内外の変化に対応して安定状態を取り戻そうとする恒常性※や、家族全体の機能が家族成員の機能の合計以上のものになる非累積性があると言われています。

　そのため、ケアマネジャーは、本人の自立性を高める支援をする一方で、介護という課題によってその家族に変化が生じても新たな安定状態を得ることができるよう、ファミリー・サイクルを捉えて家族全体の成長を支えるという視点をもちながらかかわることができるとよいでしょう。

> ※恒常性
>
> 　介護に限らず、家族は様々な課題や変化を経験します。家族の誰かに課題や変化が生じると、それは家族全体に影響します。
>
> 　それを単に問題としてではなく、家族の成長課題として捉えるとよいでしょう。家族は課題や変化のなかで揺れ動きつつ、時間がたつと再び落ち着きを取り戻し、それを維持しようとします。このように変化と安定を繰り返しながら成長していきます。

7）危機的移行を避ける予防的観点

　ファミリー・サイクルの移行期では、前の発達課題から次の課題への対応を求められます。そのときに、もしうまくいかなければ危機に陥りやすいといわれており、それを危機的移行と言います。

　例えば、ある男性（70歳代）は定年退職後、妻とともに趣味や旅行を楽しんでいました。妻は結婚後、専業主婦となり、元々人付き合いが上手ではなく内向的で夫を頼りにしてきました。ある日、夫は突然脳卒中で倒れ重度の要介護状態となりました。2人の子どもは独立し他県にいます。

　この夫婦はこれまでに、結婚し、子どもを産み、育て、子どもは全員結婚して独立し、老夫婦2人の生活への移行というライフステージを乗り越えてきました。子どもが巣立ってから夫婦での生活を構築するには互いの努力が必要だったかもしれません（＝前の課題）。脳卒中で夫が要介護状態となったいま、夫婦にとって現状をそれぞれの立場から受け止め、役割転換を余儀なくされます（＝次の課題）。もし妻がこの状況に対応できなければ、あるいは夫が現状を受け止められず妻に当たり散らす等すれば互いの関係を保つことは難しくなることが考えられます。

　この例のように、前の課題から次の課題へ円滑に移行することは、本人を含む家族成員1人ひとりと家族全体にとって重要なことです。

　そのため、ケアマネジャーは、同居・別居にかかわらず、その家族のファミリー・サイクルに関与し危機的移行を回避するよう努めましょう。家族支援において**危機的移行を予防する**という観点をもって対応することが大切です。

8）要介護者等に該当するファミリー・サイクル

　ファミリー・サイクルにはいくつかの種類がありますが、本書では森岡の8段階を用います（図表2）[7]。近代家族モデルは崩壊し、家族の個人化が進展するとともに平均寿命も延伸していますので、今日的なファミリー・サイクルへ見直す必要性はあるかもしれませんが、本書での詳説は控えます。

　ケアマネジャーが関与する期は「⑧退穏期」に該当します。

　図表2　森岡の8段階（図表入る）

①新婚期（子どものない）
②育児期（第1子出生〜小学校入学）
③第1教育期（第1子小学校入学〜卒業）
④第2教育期（第1子中学校入学〜高校卒業）
⑤第1排出期（第1子高校卒業〜末子20歳未満）
⑥第2排出期（末子20歳〜子ども全部結婚独立）
⑦向老期（子ども全部結婚独立〜夫65歳未満）
⑧退穏期（夫65歳〜死亡）

　出典：森岡清美＝望月嵩『新しい家族社会学　4訂版』p.69（培風館,1997年）を一部改変

　退穏期において要介護状態となることは長いファミリー・サイクルの中の最終の段階に位置し、1人の人生とその家族の完結に向けた極めて重要な意味を持ちます。

　ケアマネジャーが行うケアマネジメントにおいて、本人への支援と主に主介護者への家族支援の実態は多く見られますが、加えて、家族の完結という観点をもちながら各家族成員への共感的理解を示しつつ対応することができれば、さらに支援の厚みが増すでしょう。

5.家族が抱えるストレス

　前項の「4）ケアマネジャーが行う家族支援の基本形」（P.27）でお話しした、介護の際に家族に求められる、「いつまで続くかわからない先の見えないなかで忍耐力と行い続ける持久力」ですが、家族が忍耐力、持久力の限界に達する1つの原因としてストレスがあります。そのため、家族のストレスの機微を感じ取る力は、よりよい家族支援を行ううえで必要になってきます。本項ではストレスと、それに対するケアマネジャーのかかわり方についてお話します。

1）ストレスとは

　人は生活を送るなかで多かれ少なかれストレスを感じています。ストレスは外部から刺激を受けて、ゆがみが生じた状態を表しています。外から加わる力や刺激を「ストレッサー」、ストレッサーによって受ける影響を「ストレス」、元に戻ろうとする動きを「ストレス反応」と言います。ストレスの原因となるストレッサーは多岐にわたります。気温や大気汚染などの物理的なもの、病気や睡眠不足等の生理的なもの、家庭や職場での不安、緊張、恐怖や怒りなど心理的・社会的なものなどがあります。

2）家族の介護負担とストレス

　家族成員に介護が必要となったとき、他の家族成員には何がストレッサーとなり、どのようなストレスを受けているか、ケアマネジャーが知ろうとすることで家族への言葉かけ、接し方、ケアプランの考え方などが変わっていくでしょう。

　ケアマネジャーは、家族にかかわる観点からケアマネジメントプロセスを行うとき「介護負担」という言葉を用いています。ケアプランにも「介護負担の軽減」等の記載は珍しくありません。介護負担はストレスに関連するため、ケアマネジャーが本人と家族に面談する機会には家族が感じるストレスにも着目するとよいでしょう。

　家族の中に介護が必要な人が生じると、家族の役割、力関係が変化します。家族の機能が揺らいでいる状態となるのですから、その状況自体ストレスです。これまでに経験のないことへの対処を求められる出来事ならことさらです。しかし、前項の「6）ファミリー・サイクルを捉え、家族の成長を促す」（P.28）で解説したように、家族には、課題や変化が生じても新たな安定という形で取り戻そうとする力があります。そうなればストレスの度合いは軽減されます。その手助けとしてケアマネジャーや多職種が関与できます。

　モニタリング時には、家族にストレス反応が生じていないかという観点で接する視点があるとよいでしょう。ストレス反応には、肩こり、頭痛、腹痛や下痢等の身体に現れる症状、不安・イライラ・抑うつ等の心に現れる症状、不眠、食欲不振、集中力の欠如等の行動に現れる症状があります。家族が健康で過ごせているかを確認しておくことは、本人が在宅生活を送るうえで重要な要素です。家族は自分のストレスを積極的に語るとは限らないので、観察や問いかけなどをしましょう。

　具体的には目の前にいる家族に対して「お母様はぐっすり眠れています
か」、「お食事はおいしく召し上がられていますか」等の問いかけです。唐
突に確認すると「なぜ家族のこと？」と思われるかもしれませんから、本
人の睡眠について確認したときに併せて「（続柄）様はぐっすり眠れてます
か」、「ホッと一息つく時間はありますか」などのように聞くと自然でしょ
う。

　他にも、疲れている、話し方がきつくなっている、いつもよりも落ち着
きがない等の様子が家族にあるときにも、何によってそれが生じているの
かを確認します。その原因は介護サービス、介護方法、用具や道具、かか
わり方等を工夫することで解消できることもあります。

　例えば夜間排尿の対応の工夫をすることで、家族も本人も夜中覚醒、夜
中の移動介助の負担、失禁・尿漏れの不安、失敗したときの片付け（眠り
の完全なる中断）等から解放されることがあります。介護負担の軽減であ
るとともに、寝ている時間の長さという物理面と、しっかりと眠れるとい
う心理面に作用し、ストレスへの対処となります。

　ケアマネジャーや専門職が家に入るのもストレスになり得ます。ひと昔
前の日本なら違ったかもしれませんが、今日、他人が家の中に出入りする
ことは、ほとんどありません。感染症の流行を経験して、その傾向は一層
顕著になりました。訪問系サービスでは介護を受ける本人の部屋だけでは
なく家族の共用スペースや、ときに家族の部屋も見えてしまうことがあり
ます。そもそも人が家に入ってくるのに、真夏でもうかうか下着一枚でい
られません。それを押してでも他人に介入してもらわなければならないほ
ど立ち行かないということです。次の事例を通じてストレスが生じている
状況を見ていきましょう。

◆母親の介護をきっかけに娘にストレスが生じていた事例

　要介護5の母親をどうしても自宅でみたいと希望して介護していた娘がいました。介護方法は専門職がうなるほど細やかな工夫をする一方で、仕事は総合管理職で出張もあるほど忙しい人です。本人が1人になる時間をつくらないよう自費サービスも組み合わせていて「ヘルパーがいないと困る！」が口癖でした。ケアマネジャーとしては絶対に穴をあけられないという決死の覚悟で複数の訪問介護事業所の調整に奔走しました。本人が他界した後、挨拶に伺ったところ、お腹の底から「あーホッとした。もうこれでヘルパーさんが来ないわ！」と言ったのです。確かに、家に人が入ることはストレスになることは理解していたのですが、愕然としました。

　そのケアマネジャーはなぜ愕然としたのでしょうか。娘の態度ではありません。自分自身の気づきの低さです。ここから学ぶことは、家族にとっては、どんなに必要性が高くても、訪問回数を重ねて慣れたとしても、他人が生活空間に出入りすること自体がストレスだということです。そんな当たり前のことなのに、家族支援という観点でのアプローチはできていませんでした。なぜならサービス調整が業務上の責務ですから、ケアマネジャーの視点は、ついサービスの必要性という側面に偏っていました。家族は**サービスの必要性と自分が受けるストレスのバランス**を必死で保っていたのでしょう。だからこそお腹の底からの声が出たのだと気づかされました。介護負担と介護にまつわる家族のストレスは少し違います。家族のストレスは介護負担よりも語られることが少ないのかもしれません。何がストレッサーになるのかは、本人、家族の価値観、担っている役割、してきた生活と現在の生活ぶり、周囲のかかわり等、多くのことが関連し個別

に異なります。見えづらいストレッサーをどう引き出せるかは、家族アセスメントと、それを可能とする信頼関係、そして相談援助技術にかかっています。

3）ストレスとなりやすい状況や関係を知っておく

　介護は個別性が高いとはいえ、ある程度一般化できることもあります。どのような状況だと一般にストレスを感じやすいのかという知識を備えていれば、該当するような状況がアセスメントで見えてきた段階で意図的に気をつけてかかわるという判断ができます。そのうえで「この人は大丈夫そうだ」と判断できればそれでよいのです。避けたいのはストレスがあるのにケアマネジャーが見逃して放置し、その状態が続くことです。

◆一般に家族がストレスを感じやすい状況
□実親・実子関係よりも義理関係
□介護への思い入れが極端に強いまたは弱い
□介護サービスへの期待値が高い
□医学的評価とは別に自分自身で評価する自分の健康状態が悪い
□介護以外の役割がある（仕事、自分の家庭の家事、その他の社会的役割）
□人と接することが苦手
□暮らし向きが悪い

　就労している家族にも配慮は必要です。そのような家族は仕事をしている時間は物理的に介護から離れています。では心や思考も離れているかというと、完全に分離できていないときもあります。「大丈夫かな」、「帰ったらあれをしないといけない。だから残業はできない」など考えながら仕事

をすることで就業時間にも介護にまつわる心理的なストレスがかかっています。

　重大な意思決定を迫られているときには、仕事をしながらも頭から離れないということもあり、仕事に集中できない状況が生じます。

４）別居家族が抱えるストレス

　ストレスについて考慮する対象については、同居家族はもちろんですが、別居家族も含めましょう。

　老夫婦世帯や独居高齢者が増加するなか、別居、遠居をしている子どもたちが、親の日頃の暮らしぶりや体の変化をもう少し知りたいのに、わからない状況は珍しくありません。もっと顔を見に通ってあげたくてもできない状況もストレスの１つです。遠方の家族は、頻繁に会わないからこそ、本人の変化が際立って見えます。認知症が進み、娘である自分のことがわからなくなっていたときのショック、筋力低下やがんが進行して見た目がやせ細っていた等、会ったときのエピソードや光景が陰影となり尾を引くことがあります。

　ファミリー・サイクルを子の立場からみると、誕生し、育てられ、自立していく成長過程を支えてきてくれた両親の存在が、自身が必死で子育てや仕事をしているうちに、いつしか向老期から既に退穏期に移行完了しており（図表２（P.30））、今や人生の最終段階にあることを突き付けられている状況です。ケアマネジャーは、ファミリー・サイクルの移行期に家族にかかるストレスを感じ取り、どの家族が何によってストレスを感じ、どのような影響があるのか、家族１人ひとりに関心をもち、慮（おもんぱか）ることが大切です。そうすることで家族から話してもらえる関係ができていくでしょう。このような場面でケアマネジャーは、多職種による支援でできることはないか、それは誰に対して必要なのかについて、ケアマネジャーが面談を通

じて見極めることが大切です。

5）認知症の人の家族が抱えるストレス

　認知症の人の家族が抱えるストレスは、認知症の原因となる疾患によって異なる面もあります。本人の認知機能が低下していく過程で様々な変化を受けとめ、対応方法も昨日と今日では変えていかなければなりません。家族の意図や準備状況にかかわりなく対応しなければならない場面は起きてきます。

　具体的に次のような事例があります。

◆認知症の人の家族が抱えるストレスの事例①

　認知症の本人がフラリと家の外に出て行かないか、家族は気が気でないと、昼夜関係なく気が休まる間はなく、眠りも浅くなります。

　デイサービス（通所介護）に通所している時間は家族が介護から解放される時間です。ところがデイサービスで他の利用者さんを殴ったと報告を受けました。相手の方や対応してくれたスタッフへの申し訳なさ、それを本人に諭しても理解できるものでもなく、今後もまた迷惑をかけるのではないかと気が重くなります。とはいえ、デイサービスをやめさせたら家族は生活していけません。複雑な感情と現実の狭間で葛藤しています。

◆認知症の人の家族が抱えるストレスの事例②

　ある日、認知症の本人が、長男妻に対して「私のお金を盗んだ」と言います。事実ではありません。長男妻は日頃から様々なことを我慢していました。そのため、認知症だとわかっていても、目の前の義母

にすごい形相で怒られ、責め立てられると我慢できなくなり、つい大声で言い争ってしまいました。長男妻は自己嫌悪に陥ります。そばで、まだ小さいわが子がそれを見ていたことに気づきました。わが子の気持ちを考えるとつらいばかりか、今の生活を続けることによるわが子への影響を危惧します。夫である長男への立場や気持ち、義母を見る責任、わが子を育てる責任で葛藤します。

◆認知症の人の家族が抱えるストレスの事例③

　ある中学生男子の家は学校の近くにあり、通学路と面しています。秋になると柿の木に実がなります。老婆が道路に座り込み、落ちた柿の実をむさぼるように食べ続けています。「うわっ、すげ〜」と言う子もいれば、見て見ぬふりをする子などそれぞれです。その中学生男子だけは顔を真っ赤にして足早にその場を通り過ぎました。友達に「俺のおばあちゃんだ」とは言えませんでした。帰宅してから両親にも伝えませんでした。恥ずかしい。何でうちにはあんなおばあちゃんがいるんだ？という腹立たしさを感じながらも、小さいときからかわいがってくれたおばあちゃんがおなかを壊すかもしれないのに、みじめな姿のまま置いて、自分だけ帰ってきたこともつらかったのです。

　認知症の人の家族は、うまく対応できている状況もありますが、認知症を理解し本人に合わせた生活を送り続けようとすることで、家族自身の尊厳や、家族が普通に日常生活を送れないことへの疑問と葛藤を感じる場合もあります。そうなればストレスを抱えていると言えます。

6）相談援助のプロであること

　本項では、よりよい家族支援を行うために、ケアマネジャーは「介護負担」という観点だけではなく「ストレス」にも目を向けることが大切であると話してきました。サービス調整等で軽減策を提案することができる場合だけでなく、手立てが見つからない場合もあります。だからといって何もしないのではありません。ケアマネジャーは相談援助職です。相談援助技術をもって、面談を意味あるアプローチの場に転換することが理想です。今は亡き奥川幸子先生は生前「**相談援助職は面接一本でクライエントに光を見せ、快に導くことができる**」とおっしゃいました。相談援助職として支援プロセスを俯瞰し、見立てに基づいて相談援助技術をもって行う意図的な面談は、単なる会話とは異なります。

　日本には家族が介護することを支援する法律は存在しません。そのため、本人を支援する介護保険制度などの間接的な利用により家族の介護負担を軽減していきます。家族のストレスは介護負担とも関連するため、サービス利用に加えて、相談援助技術による共感的理解、ねぎらい続けること、聞いてもらえるという安心等を与えることによるストレス軽減にも期待がかかります。

6．ケアマネジャーが陥りやすい支援の落とし穴

　ここまでで、家族支援を行う際の基本的な考え方などについて、整理してきました。少し難しい内容となっていますが、ぜひ事例と照らし合わせてお読みいただき、実践に活用していただけますと幸いです。

　本項では、家族支援を行う際にケアマネジャーが陥りやすい落とし穴について紹介していきます。いずれも悪気なく行ってしまうことがありますので、時折、読み返していただいてもよいかもしれません。

1）家族への期待

　ある家族が会社で同僚にぼやいていました。「うちの親、介護保険を使い始めたんだけどケアマネジャーから『通院介助は娘さんがされてるんですね。それ以外にできそうなことはありますか』って聞かれて、『仕事してるからちょっと難しいです』って答えたら、通院介助は私が継続するっていう役割分担にされちゃったの。だから休みとらなきゃいけないのよ」と言うのです。読者のみなさんはケアマネジャーの対応について家族支援の観点からどのように考えますか？

　ケアマネジャーの立場で想像すると、医師との話し合いや医療同意は家族にしか決定できないこともあるので、できれば通院介助は娘に続けてもらった方がいい。また区分支給限度基準額を考えると家族ができることは続けてもらった方がいい等の考えがあったかもしれません。一方で家族の立場では、仕事をしながら上司や同僚に理由を説明して休暇をとることは心理的にも、仕事を進めるうえでも負担を感じており、介護保険を利用し始めるので、ようやく負担軽減されると期待していたかもしれません。

　ここでの問題は、娘の介護に対する意向を丁寧に確認しないまま役割分担を進めたことです。後述の「コラム　ケアラーの4類型」（P.44）と照らし合わせると、この事例のケアマネジャーは娘を「主たる介護資源としての介護者（carers as resources）」として捉えています。つまり、家族＝介護者、無償の社会資源という前提があり、かつ無自覚に考えているということです。仮に家族支援を理論として学んでいたら、自分が今から発言することは「ケアラーの4類型」の1番目に該当するため、丁寧な説明、合意のプロセスが必要だと気づくでしょう。ケアマネジャーが専門的にそれしかない、その方がよいとの考えがあっても、娘の話も聞かないままケアマネジャーの考えを押し付けてよいという理由はありません。

　つまり、この事例のケアマネジャーには、介護保険利用開始の初回のア

セスメントで家族アセスメントの視点が十分ではありませんでした。もし家族の介護への考え、介護以外に娘が責任を抱えていることを聞き取っていれば拙速な役割分担は避けられました。娘は通院介助を他者に任せたいという意向があったため、この決定では落胆、不満、介護負担を感じてしまうでしょう。

　このような場面に限らず、ケアマネジャーは家族支援をしているつもりでも、経験知、感覚だけを頼りにすると、上の例のように、むしろケアマネジャーのかかわりが不満や負担感を抱かせる場合もあります。家族支援では特にケアマネジャー自身が当たり前で疑問にすら思わないような無自覚、無意識の領域に気づくことも大切です。

２）専門職の判断・提案を押し付けていないか

　ケアマネジャーや専門職同士の文書や会話等のやりとりには「サービス拒否」、「服薬拒否」、「治療拒否」という表現が使われます。理念や支援の中核には個別性、多様性、意向中心という当たり前の前提がありながらも、「拒否」という言葉を使う場合、奥底には「専門職の見立てによる判断と提案は将来を見据えたそれなりに正しいものなのに、それを受け入れないのは困ったケース」という意識が多少なりとも存在し、その言葉を使う人の感情が反映されているように見えます。

　そのようなケースは拒否ではなく、専門職の言っていることの理解ができない、理解できても納得していない、そこに価値を感じない、それよりも優先することがある等、何らかの理由があり「提案を選択していない」状態と言えるでしょう。本書では極力「拒否」という言葉を使わないようにしています。事例4（P.135）のなかでは一部使用しましたが、「拒否」という言葉が実際に使用されることが多い現状から、見出しのみわかりやすさを考慮して使用しました。

　ともすれば、その事例4では、未婚・男性介護者が自己流介護に固執して、リハビリも受け入れず本人の機能維持・向上の機会を奪い、おむつを過剰なまでにぐるぐる巻きにするのは本人の自由な動きを抑制し拘束に該当するのではないか、という見立てになるかもしれません。この見立てのすべてとは言わずとも、一部でも頭をよぎるなら、介護者である長男を困った存在だと感じるのではないでしょうか。もしそうだとしたら面談での接し方を気をつけても、相手は敏感に感じ取りますので、長男の信頼を得ることはできず、独特の介護を行う背景を語られることはおろか、本人の生活ぶりに関するモニタリングや情報収集でさえ、浅いものになり、時間をかけて困難ケース化していくかもしれません。

　さらに長男に対して困った存在と感じるだけではなく、専門職として、こんな独特な介護をそのままにしていてはいけないという思いに駆られるかもしれません。

　ところがこの事例のケアマネジャーは、根気強く長男の語りを引き出していくうちに、確かに一見独特と言える複数の介護方法も、俯瞰してみるとそれらが調和していることに気づきました。そして「本人の健康のバランスが取れているなら、まあいいじゃないか」という判断に至り、ケアマネジャーとしても納得できたのです。

　多様な価値観のなかで行う支援では、害をなさないことであれば、むしろ支援者側または専門職が納得すれば済むこともあります。家族がこだわっていることには家族が行う介護の根拠、介護を継続する原動力が含まれているかもしれません。だからこそ家族の考え、判断、行動の良し悪しを審判して問題として捉えるのではなく、背景は何なのかに関心をもち、家族との面談、しぐさや行動から教えてもらおうという姿勢が家族支援の成功への大切な1歩となります。

　専門職にとっての常識や価値観から拙速に善悪の判断をするのではなく、

なぜ、その家族が、その行動を取るのか、背景に目を向けることです。ケアマネジャーが利用者に対しては自然にできていることを同じ姿勢で家族にも向けましょう。そのような心の準備、家族に対応する姿勢が家族の理解、ひいては本人支援につながります。

7．ケアマネジャーは「配慮」をする存在

　第1章の最後では、結局「ケアマネジャーは何をする人なのか」について、筆者の考えをお話させていただきます。

　ケアマネジャーは何をする人なのか。介護保険の条文に示されていることはもちろんのこと、ケアマネジャーの「ケア」をどのように解釈しているでしょうか。ケアには様々な意味が含まれています。例えば世話や配慮、気配りです。ケアマネジャーは要介護者等からの相談に応じ、尊厳の保持と自立支援の成果を導くために、効果的、効率的な社会資源活用となるよう多職種協働を行います。そのために支援はケアマネジメントプロセスに準じて行いますが、同時にケアマネジャーは、連携の要としてかかわるすべての者に対して配慮していく存在でもあります。

　家族への支援には段階があります。気にかける、見守る、声をかける、実際に支援する、伴走し続ける、などです。どれか1つを行うこともあれば、1人の家族に同時に複数の方法を取ることもあります。時間の経過によって方法は変化していきます。今日、実践上では家族も支援対象と捉えるようになりましたが、法令上の支援対象者ではありません。法令上の支援対象ではないけれど、家族自身の健康や生活の安定に配慮し、要介護者等と家族全体の安定性に配慮する活動がケアマネジャーの実践の総体なのだと考えています。

コラム

ケアラーの 4 類型

　家族成員に介護を必要とする家族の多くは、同居・別居を問わずケアラーに包含されるといってよいでしょう。ケアマネジャーが家族と接するとき、自分自身が家族に対して抱く意識はどれに近いのか「ケアラーの 4 類型」[8] に沿って確認してみてください。

□主たる介護資源としての介護者（carers as resources）
□介護協働者としての介護者（carers as co-workers）
□クライエントとしての介護者（carers as co-clients）
□介護者規定を越えた介護者（the superseded carers）

　もしケアマネジャーが無自覚に家族を「主たる介護資源としての介護者」として捉え、その役割を求めているとしたら、家族は家族であることを理由に、無償の介護資源として見なされ、介護から逃れられない環境になっている可能性があります。「介護協働者としての介護者」と捉えている場合には、家族に介護を担うことも、担わないこともできるという選択肢を明示するため、家族は自身の判断と意志に基づいて、どのようにかかわるか選択できています。その場合、形はともあれ家族も協働者として積極的にかかわってくれるかもしれません。

　大切なのは、家族のことを、本人の介護をするための存在としてではなく、その家族自身の人生を歩んでいく 1 人の人として捉えることです。

家族支援で行う
アセスメント

第2章では、第1章で少し紹介した「家族アセスメント」を中心に解説していきます。本章は事例編ともリンクする内容が多くありますので、実践での活用方法も確認していただきながら読み進めていただいてもよいかと思います。

1. 家族アセスメントの基本

ケアマネジャーは家族支援を行う際には、家族成員1人ひとりと家族全体を捉え、支援していくうえで、この家族とどのようにかかわったらよいか、家族全体をどのようにエンパワメントしたらよいか等、家族とのかかわり方、アプローチ方法を考えることとなります。今まで無意識で行っていたことかもしれませんが、実はこれは家族支援の計画の1つといえます（「コラム アプローチプランの設定」（P.85））。

このアプローチ方法を考えるために、家族全体に焦点を当てたアセスメントである家族アセスメントが大切になります。

まず、本項では家族アセスメントを行う際の基本的な考えなどについて、お話ししていきます。

1）家族や家族支援に対する考え方・視点・アセスメント項目

　家族支援では、アセスメントの対象と期間を同時に想定します。第1章でもお話ししたとおり、対象は家族全体ですが、それとともに家族の中の誰に特に支援が必要かを見定めます。次に、期間は本人支援の支援期間で行うこととなります。

　つまり、アセスメント時では、対象を家族全体にしつつ、その中でも家族のうちの誰を主に支援するかということ、また今後想定される本人支援の期間内に家族にどのようなことが起きるか、関係性がどうなるかといった変化等を想定します。併せて緊急性の有無についても見る必要があります。家族支援における緊急性とは、家族成員の誰かの健康状態が危ぶまれる、日常生活が立ち行かない、言い争いなどから暴力、虐待への発展のおそれなどがある場合のことを指します。

　家族支援で家族自身が利用するサービスはあってもごくわずかです。そのため、ケアマネジャーをはじめとする専門職のかかわりが家族支援そのものとなる場面が多いのです。かかわりが重要ということは、本人支援以上に支援過程全体を俯瞰し、そのうえで起き得る変化に対して何を行うかという生活の将来予測を行う力が求められます。そこで、家族の情報収集、評価、分析をどのように行うかが重要となりますが、とりわけどのような考え方に基づいて、どのような項目の情報を収集するのか、この入口が以降の支援を大きく左右します。そのことについて掘り下げて考えてみましょう。

　家族支援では担当するケアマネジャーの情報収集と評価の結果は「家族支援の捉え方」、「家族の役割の捉え方」、「活用するアセスメント項目」の考え方に関係します。そして3つのうち1つでも違えば、その先の分析結果は異なります。

　極端なたとえですが、上記3つの項目について、次のように考え方が異

なると分析結果も異なり、支援の方向性も変わってくることが想像できると思います。

①家族支援の捉え方	家族はケアマネジャーの支援対象ではない
	家族はケアマネジャーの支援対象である
②家族の役割の捉え方	家族は介護者、介護力の一部である
	家族は介護者、介護力の一部ではない
③活用するアセスメント項目	旧版 課題分析標準項目に基づいて行う
	新版 課題分析標準項目に基づいて行う
	必要に応じ上記以外の家族支援用の追加項目を活用する

　ここからは上記 3 つの項目における考え方の違いが、それぞれ支援においてどのような影響を及ぼすのか、1 つずつ見ていきましょう。

①「家族支援の捉え方」の相違

　事業所内に 2 人のケアマネジャーがいるとしましょう。それぞれの考え方はこうです。

【A ケアマネジャー】

　ケアマネジャーの支援対象は利用者である。利用者本位を全うするために家族の介護負担の軽減、家族への気配りと支援は欠かせない。仮に家族自身にも支援が必要なら、適切な機関につなぐ。さらに、他機関と協議し、必要なら機関間連携を続ける。その際には利用者を中心とした家族も含めた生活がどうかという視点でモニタリングを行う。

【B ケアマネジャー】

　法令上の支援対象は利用者である。ケアマネジャーは利用者本位だから、

利用者だけを中心に見ていく。家族支援は家族の介護負担の軽減を中心として見ていく。家族に問題があれば地域包括支援センターに連絡し、その後の対応を一任する。

　ＡケアマネジャーとＢケアマネジャー、それぞれに家族支援の考え方は違います。もし、２人が同時に、同じ利用者の、同じ状況を見て（話を聞いて）、同じアセスメントシートでアセスメントを行ったとして、記入完了したものを互いに見せ合ったらどのようなことが起きるでしょうか。「ここが重要だ」、「今後はこれが課題になり得る」と浮かび上がって見える情報や課題が違っている可能性があります。家族支援という枠組みの違いがあることで、家族支援に関する課題分析（ニーズ）に相違が生じます。そのため、Ａケアマネジャー、Ｂケアマネジャーのどちらが担当になるかによって、本人と家族が受ける支援の内容は異なります。しかし、両者とも家族支援をしていないわけではありません。両者とも私は家族支援を行っているという認識をもつでしょう。家族支援の捉え方は、「家族支援は大事だ」、「家族支援は難しい」という漠然とした話だけでは見えてきません。言語化すらしない**支援の前提**を語り合うことが重要です。家族支援は法令上規定されていない範囲の支援であるからこそ同一職種間で家族支援をどう捉えているかを学び、すり合わせる努力が大切です。

②家族の役割の捉え方の相違

【Ａケアマネジャー】

　家族は介護者であり介護力の一部であると捉えています。これまでの経験上、利用料の問題から家族は介護者、介護力の一部になることが一般的。だから家族が今している介護は可能なら継続してもらい、担えないところはサービスを提案する。

【Bケアマネジャー】

　家族は介護者ではなく、介護力の一部でもないと捉えています。これまでの経験上、家族が介護の一部を担わなければ利用料の負担があることは承知しているが、家族は家族自身の人生を歩む存在である。介護に関する考え、その家族の介護以外の役割、家族関係、経済的状況等、その家族が置かれた介護に関係する事情を総合して介護とどう向き合うのか、家族1人ひとりが自由に考え、発言できるプロセスをつくること。そういう接し方自体が家族支援となる。介護にかける費用を高額と捉えるのか、経済的持久力をどう判断するかは本人と家族の考えに基づき決定する。

　Aケアマネジャーの考え方には、無意識的に抱く家族の役割への期待と、経済的負担感への配慮があり、本来本人と家族が行うはずの決定プロセスを飛ばして結論を先回りしています。そのため、家族には最初から介護するという選択しかありませんでした。Bケアマネジャーは、ケアマネジャーが経験的に除外される可能性の高い選択肢であっても家族の考えと選択権を尊重したプロセスを重視しています。

　仮に家族がこれまでの介護を継続するという同じ結論に至ったとしても、Aケアマネジャー、Bケアマネジャーの支援効果には違いがあります。Aケアマネジャーが支援した家族は、家族は介護をする存在、してきたことは今後も継続しなければならないという認識となるでしょう。Bケアマネジャーの支援を受けた家族は、もろもろの状況を総合したうえで、今は自分たちで介護することを納得のうえで判断しています。そして、今後は現在している介護もそれ以外のことも含めていつでも自由に変更の相談ができそうだ、という認識となり安心感も覚えるでしょう。

　家族を最初から介護力として位置付けることは、介護の社会化に相反します。介護保険の中核的役割、利用者支援の導入部、介護の役割分担、ケ

アプラン作成にかかわるケアマネジャーが家族の役割をどのように捉えるかは、家族の生活だけではなく本人の支援過程全体にジワジワと影響していきます。（第1章「コラム　ケアラーの4類型」(P.44)）。

　いまや共働き世帯、ひとり親家庭、老夫婦世帯、認認世帯等、いずれも増加しています。それに伴い家族の規模、機能は縮小化しています。本人の平均寿命の延伸は、本人の子の高齢化を意味します。家族の数だけ家族のありようがあります。家族像の多様化です。

　家族へも配慮が行き届くケアマネジャーは、家族が「大変だ」とあえて口にしなくても、雰囲気を察して家族の事情も語ってもらい対応するでしょう。他方、気がつかないケアマネジャーが担当したらどうでしょう。家族は、ケアマネジャーのかかわりとはこういうものだ、介護保険や他者から受けられる支援とはこういうものだ、と思い込み、我慢や忍耐の生活が続くことも考えられます。それは、介護負担や介護ストレスがある状態ということです。ケアマネジャーごとの聞き取りの違いを少なくするには「家族等の状況」を把握するためのアセスメント項目を設けることが必要です。

③活用するアセスメント項目の相違

　ケアマネジャーは厚生労働省が示した課題分析標準項目に準じた項目を網羅したアセスメントを行います。家族に関する標準項目は「介護力」から「家族等の状況」へ改正されました。旧版の課題分析標準項目に基づくアセスメントシートは、家族を介護力として捉える様式です。新版では、家族だけではなく家族のような存在を含めて対象とし、日常生活や意思決定支援にかかわる存在として捉えています。関係性にも着目して情報収集することが求められています。アセスメント項目の相違は、すなわち家族の捉え方、家族支援の捉え方を表しているのです。

２）家族とケアマネジャー両者にとって有益であること

　家族アセスメントは、ケアマネジャーの目的を充足するだけでは不十分です。家族にとっても有益だったと実感できるものであらねばなりません。それには単に項目に沿って情報収集するのではなく、意図的な問いかけを行えるかにかかっています。

　人は問われることで考え、それを言葉にして話す過程で、さらに自分の考えや感情に気づいていくことがあります。アセスメントは互いに気づき、理解を深めていく重要なプロセスです。家族アセスメントも同様です。ケアマネジャーが家族へ問いかけることで、家族は自分と家族全体の置かれた状況、感情、課題に気づき、新たな生活や考えを作る力を持つ可能性があります。それだけに、先に述べたようにケアマネジャーが家族と家族支援をどのように捉え、どのようなアセスメント項目に基づいて「問いかけるか」が鍵となります。

３）家族支援の目的に沿ったアセスメント

　ケアマネジャーが行うアセスメントの目的は、利用者が尊厳を保持し自立した日常生活を送ることができるようにすることです。そして家族アセスメントを行う目的は第1章「４．家族支援の基本的な考え方」（P.25）でお話ししたとおりです。

［何のために］利用者の生活の安定を図るために
［家族の誰に］家族成員１人ひとりと、家族全体に目を向ける
［どのような方針で］介護問題を抱える家族の力を最大限に引き出し、家族全体の生活の安定を目指すとともに、危機回避・危機に備える力をつける

　家族が語るままに聞くような、何となく家族と会話することは家族アセ

スメントとは切り離します。もちろん、一見、他愛もない話のように見えるなかに重要な情報が潜んでいることもあります。しかし、その出現をただ待っているだけの会話は相談援助のプロが行う面談とは言えません。あくまで限りある時間のなかで目的のために行うものです。

4）家族との信頼関係の構築

　ケアマネジャーの法令上の役割は利用者支援です。利用者支援のための家族支援とはいえ、根ほり葉ほり聞きづらいところがあります。そのため、家族から見て「この人に相談したい」と思われる信頼関係の構築が家族情報の収集の基盤となります。

　必要な家族情報の範囲はケースごとに違いますが、特に家族にも配慮や支援の必要度が高いと判断する場合ほど、踏み込んだ質問、センシティブな情報が必要となります。本書の事例4（P.135）では、寡黙な長男に語ってもらえるよう、訪問回数を増やしたり、男性介護者である長男が抱くかもしれない感情を想像した言葉かけに配慮し、忍耐強くかかわることで信頼関係を築いていきました。何が家族にとって信頼を得る行動となるか、家族ごとに、状況ごとに異なります。それ自体が家族アセスメントとなります。

5）情報収集の理由を説明できること

　家族は、ケアマネジャーは本人支援を目的に来訪していると理解しています。そのため、家族自身や家族の過去も含めた質問をすると「なぜ、そんなことまで聞かれるのか」と疑問を感じるかもしれません。人には他人に立ち入られたくないことがあります。家族にさえ知られたくない秘密の部分があるといわれています。また昨今、様々な形の家族があります。家族情報の収集は、プライバシーに立ち入る重みを一層認識しておかなけれ

ばなりません。

　ケアマネジャーの質問に対して、答えないという選択肢も家族にはありますので、背景がわからない質問は回答を差し控えることもあるでしょう。そのとき、家族に生じている感情に目を向けると、必要性を理解できない質問をする人に懐疑的になっていることが考えられます。そのため、正当な理由のない質問はしてはなりません。それ自体が信頼関係の構築を阻害する行為になってしまいます。不用意にプライバシーに立ち入らないこと、信頼関係の度合いに応じて、質問は段階的に行うことが大切です。

　また、家族との信頼関係の構築のためにも、状況に応じて質問の背景の説明を加えることも必要です。

6）多職種で情報を共有し、家族情報を立体的に捉える

　個人には多様性があります。つまり、家族成員1人ひとりに多様性があります。となればその集合体である家族も多様性があります。非常に多面的です。

　また、人が話す範囲、情報の深さは相手によって自然と変えていることがあります。信頼の度合いでも、家族側がその専門職の専門性の範囲をどう認識しているかによっても見せている顔や開示する情報に差がある場合があります。つまり、ケアマネジャーがしているアセスメントは家族の一側面にすぎない自覚をもっておくことです。ケアマネジャーに語られた情報だけで家族像を捉えるのではなく、他の職種と情報共有し、家族像を柔軟に修正します。家族は家族成員の集合体ですから、日々変化していきます。家族成員1人ひとりへ理解を深め続け、家族像をより立体的に捉えることが家族アセスメントのポイントです。

7）家族支援の対象の考え方

　再びケアマネジャーが行う家族支援の対象とその内容について考えてみましょう。実際にケアマネジャーが行っている家族支援は、課題を抱え、制度利用につなげる必要性のある家族のみが対象ではありません。

　ケアマネジャーが行っている家族支援は同居・別居を問わずA.家族成員に制度・サービス利用は不要【基本型】とB.家族成員に制度・サービス利用等何らかの支援が必要【該当者のみ行う選択型】の2つに類型されます（図表1）。

図表1　ケアマネジャーが行う家族支援の類型

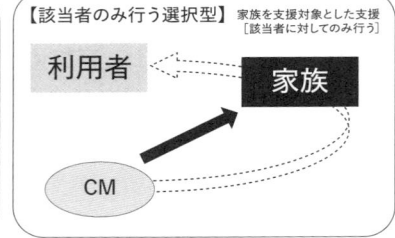

著者作成

　前者の【基本型】は利用者支援を主たる目的とした家族支援で、本人の家族全員に対して行います。なぜなら、介護量にかかわらず家族内に介護が必要な人がいると家族成員は何らかのストレスや負担を感じていますし、本人と家族は相互に影響しているからです。ケアマネジャーをはじめ専門職の家族へのかかわり方によって、家族の本人への理解や対応が変化する可能性があります。だからこそ、家族全員に対して行います。行う支援は家族の意向、立場を大切にしながら、家族のしていることを見て、聞いて、ねぎらい承認すること、家族のストレスや介護負担軽減に対応し、介護に

伴う家族間の関係悪化防止、虐待への発展を予防すること等です。

　後者の【該当者のみ行う選択型】は家族を支援対象とした支援であって、該当者に対してのみ行います。この類型は 3 つに分けられます。 1 つ目は家族が要介護者等で介護保険法の適用を受ける場合です。ケアマネジャーにとっては制度理解ができ、対応可能となる範囲の広い対象です。 2 つ目は他法・他制度を利用する場合です。例えば、育児介護休業法（育児休業、介護休業等育児又は家族介護を行う労働者の福祉に関する法律）、障害者総合支援法（障害者の日常生活及び社会生活を総合的に支援するための法律）、児童福祉法、子ども・子育て支援法等です。 3 つ目は、公的、あるいは利用可能な支援制度が存在しない場合です。利用可能な制度があっても、制度利用につながらない場合や、利用可能な支援制度が存在しない場合には専門職からみて困難性を感じるケースとなりやすい傾向があります。制度利用可能な場合には利用支援を行うこと、不可能な場合には支援策を模索したり、社会資源を開発することも視野に入れます。しかし、誰が、どこまで行うのかチームで話し合う必要があります。また【該当者のみ行う選択型】は家族を支援対象とした支援ですが、本人支援を目的とした家族支援を行わないわけではありません。そのケースの、その時の状況に応じて判断し、本人支援を目的とした家族支援も並行して行います。

　どちらの類型でも支援の方法を分類したときに「a.情報的支援」、「b.手段的支援」、「c.情緒的支援」の 3 つの支援をケアマネジャーは行っていますが、内容に違いがあります（図表 2）。B. 家族成員に制度・サービス利用等何らかの支援が必要【該当者のみ行う選択型】に該当する場合には、家族成員に制度・サービス利用等の情報提供を行い、同意を得られた場合には関係機関の窓口紹介等を行います。とはいえ、既に支援が必要な状況があったのにサービス利用につながっていなかったのですから、支援の必要性を認識しない、他者の関与を望まない等が想定されます。ケアマネ

ジャーは情緒的支援を行いながら、現状認識を促し、課題の改善や解決に向けた面談を重ねつつ、地域包括支援センターをはじめ関係機関への相談も並行して行うことも必要です。

　一方でA.家族成員に制度・サービス利用は不要【基本型】の類型では、家族成員個人に制度・サービスの利用は必要ないのですが、家族の結束力（きずな）や柔軟性が高く問題解決への対応力が高い場合と、反対に低い場合があります。それらを見極めた情報的支援、手段的支援、情緒的支援を行うこととなります。

図表2　ケアマネジャーが行う家族支援の種類

類型	支援の種類	支援の例
A.家族成員に制度・サービス利用は不要【基本型】 利用者支援を主たる目的とした家族支援	a.情報的支援	要介護者等の心身状態、その維持・改善のための情報、サービス利用に関する情報、制度の情報等、要介護者等に関連する情報提供
		家族向けの情報（家族介護者教室、ピアサポート等）
		要介護者等の日常生活や意思決定にかかわる家族全員が必要な情報を共有できるような情報提供や連絡の仕組み、順番の確認等
	b.手段的支援	介護保険制度関連の申請代行、サービスの調整等ケアマネジメントプロセスを通じた一連の支援
	c.情緒的支援	家族との信頼関係の下、家族の生活を知り、ねぎらい、必要に応じ承認することなどを継続する支援

B.家族成員に制度・サービス利用等何らかの支援が必要【該当者のみ行う選択型】家族を支援対象とした支援	a.情報的支援	利用可能な社会資源有	家族が利用可能な公的支援の情報提供（介護保険、障害福祉、育児・介護休業法、自治体サービス等）
			家族が利用可能なインフォーマルサポートの情報提供（民間サービス、ボランティア、ピアサポート等）
		共通	家族が必要な知識を高めることができる情報提供（介護技術、疾患の理解等）
	b.手段的支援	利用可能な社会資源有	家族が利用可能な公的支援の窓口紹介、申請支援
			家族が利用可能なインフォーマルサポートの窓口紹介、申請支援
	c.情緒的支援	共通	面談を通じ相談援助技術を用い、傾聴、受容、エンパワメントにより、家族が自身の課題を認識し他者支援を受け入れることの是非を判断し意思決定する支援等

著者作成

8）別居家族をアセスメント対象として認識する

　近年、独居・老老介護ケースが増えています。今まで以上に別居家族に目を向ける重要性が増しています。別居家族には複数のパターンがあります。近居で通ってくる、近居なのにほとんど交流がない、遠居だが定期的に本人宅を訪れる・電話等で連絡する、遠居かつ関係性も遠いなどです。

　別居であっても、法令遵守の観点からも、まずは本人のアセスメントに同席してもらえるか確認しましょう。また、家族の中には「ケアマネさんが付いたから、これで安心！」と思い込んでいる人もいます。ケアマネジャー、専門職ができることはどこまでか、家族でなければできないことは何かを初回で伝えておくことが肝要です。本人の状況次第ですが、医療同意や契約行為、金銭や財産管理、近隣住民の方へのお願いごとなどです。家族でなければ関与、判断できないこと、責任を取れないことがあります。

　今後、独居で認知症の方や看取りの方は増加します。そのような家族に

対して意思決定を行うのは別居の家族となりますが、今まで本人にかかわってこなかったのに、ターニングポイントが訪れてから急に意思決定を求められても不可能です。空白の時間は情報量の少なさそのものであり、それがもたらすのは、理解、感情、納得のギャップです。そのため、別居家族とも密に連絡を取り、耳の痛い状況報告であっても共有することは本人と家族の適切な意思決定には欠かせません。だからこそ、本人への支援開始時から、本人の同意を得て家族へのコンタクトを開始します。

　独居認知症の人の支援では、本人の近隣住民等の理解や協力を得ることも欠かせません。これはケアマネジャーや地域包括支援センターだけで行えるものではありません。近隣住民等にとっては家族の存在を感じることが安心感につながります。実際に、離れて暮らす家族にできることは少ない場合でも、家族として本人の状況を知るという協力は可能です。ただし、家族のストレスや負担とならないような表現の工夫、サービス利用の工夫は必要です。

　次項からは具体的に家族アセスメントを行うに当たってのポイントを解説していきます。よりよい家族支援を行うに当たっては、「家族像を捉えるアセスメント」、「時間軸を含めた家族の変化を捉えるアセスメント」、「家族の状況を捉えるアセスメント」が必要になってきますが、それぞれについてお話ししていきます。

2．家族像を捉えるアセスメント

　前項でも少し登場した家族像という言葉。本項では、家族アセスメントを行うに当たって、なぜ家族像を捉える必要があるのか、そしてどのように捉えていけばよいのかについてお話ししていきます。

1）ケアマネジャーが家族像を捉えるアセスメントの視点

　実際の支援場面では本人と主介護者・キーパーソンなどの個人や、両者の関係に着目することが多いと思いますが、家族支援を考えるには二者間の関係性に加えて、家族の全体像（家族像）も捉えます。なぜなら、介護は生活の中に存在し、生活は家族全員でしていることだからです。家族像を捉えることで、その家族がもつストレス対処、課題対応、危機への備え等の力を把握し、その家族の強みを生かした支援を考えることができるようになります。

　家族像を捉えるときには、1枚の写真のような一時点だけではなく、変化を捉えていきます。ケアマネジャーが最初に捉える家族変化とは、その家族に介護が生じたことによって起きた変化の内容です。介護が始まる前にはどのような家族で、誰がどういった役割、力関係だったのか、介護が生じてから、誰がどういった役割になり、力関係はどうなったか、介護が始まる前のキーパーソンは誰で、始まった後は誰なのか等です。

2）家族関係を把握する方法

　読者のみなさんは、自分のことについて「誰と暮らしているのか？」、「あなたの家族は？」と聞かれたときに、どのような答えが頭に浮かぶでしょうか？おそらく血縁・親族、家族のように親密な人を想定していると思います。

　ケアマネジャーが把握する家族は介護や意思決定支援にかかわる家族の範囲です。それを図にしたのがジェノグラムです。家系図といった方がピンとくるかもしれません。

　アセスメントにはジェノグラムの記載欄がありますが、記載欄があるから描くのではなく、ジェノグラムを描く目的を理解していることが、役に

立つジェノグラム記載の第1歩です（ジェノグラムに限らず、ケアマネジャーが当然行う記録や行為1つひとつの目的を他者に説明できることが大切です）。

　ジェノグラムは家族構造を可視化することが目的です。可視化することで、よりその家族を理解し、本人と家族のアセスメントや支援を意味あるものとすることができます。ケアマネジャーは家族全員と会うとは限りません。ケアマネジャーが接するのはキーパーソンや主介護者です。よく見えている家族成員と見えていない家族成員がいる。そのことを認識しておかなければ家族分析に偏りが生じます。ジェノグラムは家族の存在全体と関係を概観することに役立ちます。

　ジェノグラムの表記方法には複数あります。どこまでの情報を記載するかは、その専門領域によって異なります。臨床遺伝子学の分野では遺伝子関係や生物学的性を明確化する必要があります。児童や夫婦問題では胎児/流産、実子/養子等を詳細に記します。しかし、高齢領域では分析の主目的にならない限り、そうした情報を記載することはほとんどありません。ケアマネジャーの場合には、原則として3世代、性別、年齢、存命/死亡、婚姻関係、同居/別居等が必須となります。性別は社会的性別（ジェンダー）に基づいて男性は四角、女性は丸とします。夫婦は夫を左、妻は右に、兄弟姉妹は出生順に左から記載します。夫婦が離婚している場合には、夫婦の間に二重斜線をします。

　家族関係が複雑化・困難化している場合には、家族成員間の相互作用（良好・親密・疎遠・敵対・はたらきかけ）等の線も使用するとわかりやすくなります。もし、家族関係が実子と養子間で対立しているケースならジェノグラムは親と実子がつながる線を実線で、養子は破線で記すと一目で分析に役立つジェノグラムとなります。ただし、本人と家族から書類の開示請求を受けた場合には、ケアマネジャーが捉えた家族関係も本人や家族に

見られることがあります。どこまで記載するのかは事業所の判断となります。

　また近年、高齢者の生きがいや問題に関連している"家族"にペットがあります。ジェノグラムにペットを「◇」で示すとわかりやすくなります。ただしペットは法的には所有物という位置付けとなります。

　本書の事例でもジェノグラムを記載していますが、紙面を考慮し、一部省略しています。

図表3　ジェノグラムの表記方法

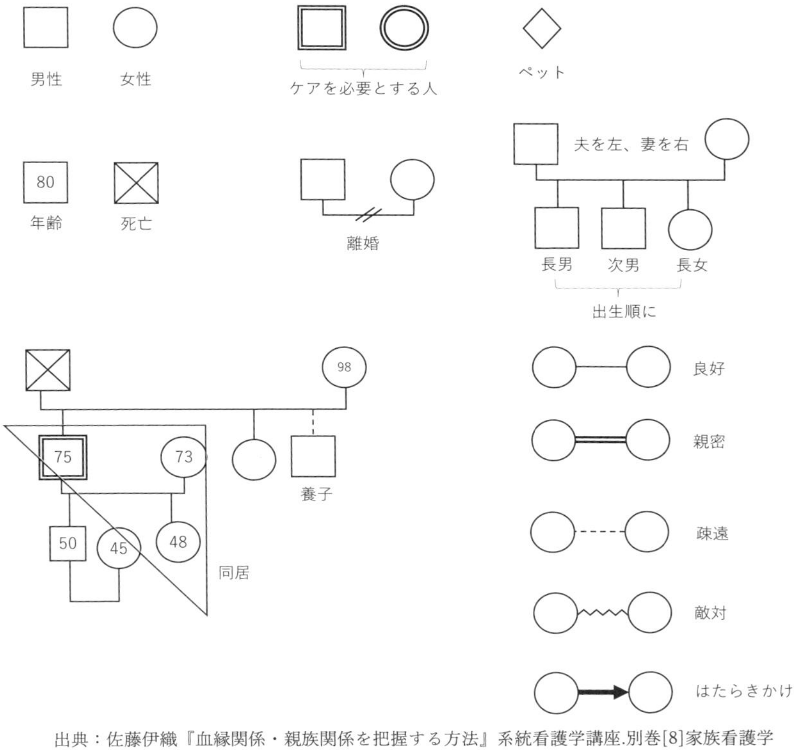

出典：佐藤伊織『血縁関係・親族関係を把握する方法』系統看護学講座.別巻[8]家族看護学
　　　第 2 版,上別府圭子ほか,p.43（医学書院,2024年）を一部改変

3）家族像を捉えるアセスメント方法

　ケアマネジャーが家族像を捉えるときに活用できる2つの方法を参考としてご紹介します。

①家族像を捉えるためのアセスメント項目・様式の活用

　まずは、面談で聞き取ったことや、感じたことを記入する方法を紹介します。次の図表4の様式を使えば、本人、家族の語りから背景まで含めた詳細な情報を、家族像を捉えるために必要となる項目ごとに書き留めることができます。

図表4　家族像を捉えるためのアセスメント項目・様式

A.家族成員1人ひとりに起きている出来事は何か、どのような影響があるか →
B.家族成員1人ひとりの現状認識と受けとめはどうか →
C.家族にとって過去に類似の経験はあるか、あればどのように対処したか →
D.家族の強み・弱みは何か →
E.家族成員1人ひとりの現状への適応（不適応）はどうか →
F.家族成員1人ひとりにとって、今は人生のどのような段階か、健康状態への影響はどうか →

G.介護をきっかけに家族のまとまり（きずな・結束力）に変化は生じているか
→
H.必要な介護費用の支出は可能か、介護に必要な費用を支払う考えはあるか
→

著者作成

②レーダーチャートの活用

　「①家族像を捉えるためのアセスメント項目・様式の活用」では詳細な情報を知ることができる良さがあります。ただ、文字を中心とした記録なので細部の問題に目を奪われて、全体像や項目間の関連を見落とすことがあります。その点、「②レーダーチャートの活用」では、項目を点数化することで全体像（概観）を視覚的につかむことができます。

　また、レーダーチャート方式では、前回のチャートと数値で比較できますので、家族像（概観）の変化を瞬時に捉えられます。

　レーダーチャート方式を活用する際の注意点は、点数が高い＝良い、低い＝悪いという評価をしないことです。全体の特徴をつかんだうえで、項目間の関連を家族状況の背景と照らし合わせて考える、解釈することが重要です。

図表5　ケアマネジャーが家族像を捉える視点（レーダーチャート方式）

項　　目	点数
家族は現実を受けとめている 　　　　　いない　　　　　　　　　　いる 　　　　　　1　　　2　　　3　　　4　　　5	

介護が生じる前、家族関係がよかった 　　　悪かった　　　　　　　　　よかった 　　　　1　　　2　　　3　　　4　　　5	
介護が生じて家族関係は悪化した 　　　悪化した　　　　　　　悪化していない 　　　　1　　　2　　　3　　　4　　　5	
最も介護に関与する人の生活・仕事・健康状態等に過度な 負荷はない 　　　負荷あり　　　　　　　　　負荷なし 　　　　1　　　2　　　3　　　4　　　5	
家族は介護問題の状況を踏まえ判断できる 　　　できない　　　　　　　　　できる 　　　　1　　　2　　　3　　　4　　　5	
家族で日常の介護をしている部分が多い 　　　多い　　　　　　　　　　　少ない 　　　　1　　　2　　　3　　　4　　　5	
必要な介護費用額を心配なく支出できる 　　　できない　　　　　　　　　できる 　　　　1　　　2　　　3　　　4　　　5	

著者作成

　では実際にレーダーチャートを見て解釈し、ケアマネジャーとしてどのような家族支援（手立て）ができそうか考えてみましょう。

図表6　ケアマネジャーが家族像を捉える視点＿評価＿点数・チャート例

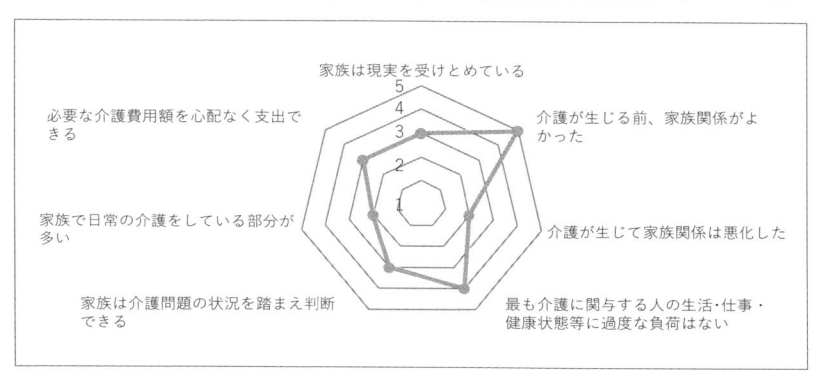

著者作成

　この家族は、「介護が生じる前、家族関係がよかった（5点）」という強みがあります。しかし、「介護が生じて、家族関係は悪化した（2点）」という状況です。以前に比べて家族全体の結束力（きずな）が弱っていると考えられます。その理由をレーダーチャートの項目間の関連から推論してみましょう。「家族は現実を受けとめている」は3点ですからまだ十分に現状を受けとめきれていない家族成員もいるようです。受けとめきれるまであえて見守る方がよいのか、またはいっぱいになっている気持ちを語って吐き出してもらい、傾聴しながら共感的理解を示すような面談を必要としているのか、それとも情報が少ない、あるいはうまく理解できていないことが原因なら、どの職種（誰）から、どのような情報を、どのタイミングで提供してもらうと受けとめやすいのか。このような分析を通じてマネジメントすることが、この課題に対してできるケアマネジャーの家族支援として考えられることです。

　次に「必要な介護費用額を心配なく支出できる（3点）」、「家族で日常の介護をしている部分が多い（2点）」に着目すると、支出に心配があるか

ら、家族で介護している部分が増えていることが推察されます。他方で「最も介護に関与する人の生活・仕事・健康状態等に過度な負荷はない（4点）」と現時点の負荷は大きくないものの、今の状況を継続すると疲労や家族関係の悪化によるストレスで、家族全体の結束力（きずな）は低下することが予測されます。介護サービスの利用を増やしたり、他の家族の協力を得られないか、経済的な負担は本当に難しいのか、それとも日常生活（介護）にかける費用はもったいないから将来のために残しておきたいという考えなのか。経済的なことはケアマネジャーとして聞きづらい領域ではありますが、もう少し丁寧かつ意図的に確認してみる必要が見えてきました。

　①、②で紹介してきた方法での家族像を捉えるアセスメントでは、②で推論したように主介護者の介護負担だけでなく、家族全体の結束力（きずな）や、舵取りできるか（状況を踏まえた判断）などの将来像を捉えることができます。ゆえに、家族支援のために何をしなければならないか、さらに必要な情報や話し合いのポイントを抽出できます。

3．ファミリーライフサイクルピクチャーの活用による時間軸を含めた家族像の把握

　本書では、個人が生涯を通じて発達していくのと同様に家族も発達していくものと捉えています。特に家族は、家族内で育て合う関係をもちながら発達していきますので、ファミリー・サイクルの移行期には家族の中に課題が生じ、そこに対応していくことが求められます。

　例えば家族の中に介護を必要とする人が出てきたときに、本人含め家族は、これまでしてきた生活や役割、力関係等、家族内の変化や揺れのなかで、介護費用という家計への継続的な影響を見ながら、気持ちとは関係な

く期限に迫られて意思決定を求められる等、並行して難しいことを要求されます。

　ライフサイクルを図で示すと、本人の「過去・現在・未来」の線は 1 本で表せますが、夫婦世帯なら2本、子どもがいれば別居であれ3本、4本と増えていきます。ケアマネジャーの頭の中だけでそれぞれの時間軸を想像し全体像を捉えるには限界があります。実際に描いてみることで、個別の家族の立場や気持ちに気づくことがありますし、時間軸で家族全体の役割や関係を解釈することにも役立ちます。図表7は「家族成員の 1 人ひとりのライフサイクルを左から右へ矢印であらわし、その矢印を積み重ねて家族のライフサイクルをあらわした図」であるファミリーライフサイクルピクチャーです[9]。家族全体のライフサイクルを確認するのに役立ちます。

図表7　ファミリーライフサイクルピクチャー

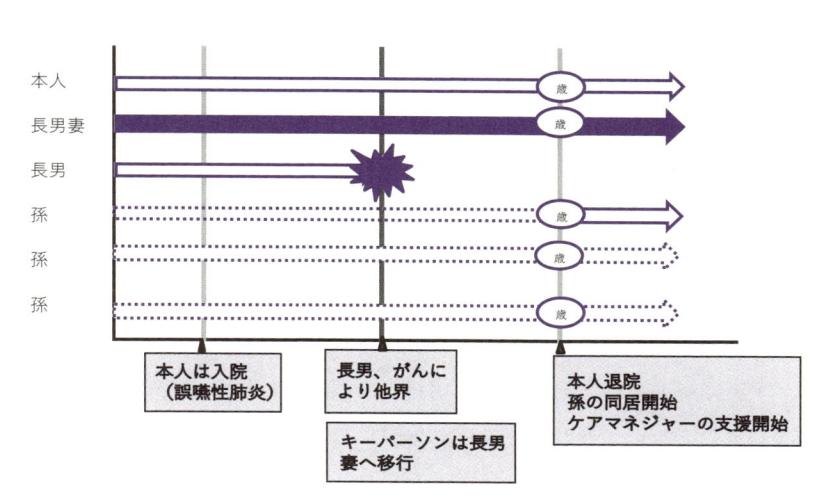

出典：上別府圭子『家族のライフサイクルを可視化する方法』系統看護学講座.別巻[8]家族

看護学第 2 版,上別府圭子ほか,p.52（医学書院,2024年）を一部改変

4．家族状況を捉えるアセスメント

　本項では、本人を含めた家族成員の状況をどのようにアセスメントで捉えることが必要か、2023年に改正された課題分析標準項目を基にお話ししていきます。

1）家族状況を捉えるアセスメント項目

　家族アセスメントのモデルは国内外含めて複数のものがあります。とはいえ、ケアマネジャーが行うアセスメント項目は厚生労働省から示されており、それを網羅していなければなりません。家族アセスメントにおいても、本人中心に立脚したアセスメントが基本ですので、やはり課題分析標準項目を活用して家族状況を把握するのが順当です。「2．家族像を捉えるアセスメント」（P.58）の内容も、課題分析標準項目に沿った情報収集の過程で並行して行えます。

　家族状況のアセスメントという観点から課題分析標準項目23項目を確認すると、次の2つに大別できます。

　①直接的に家族に関する項目

　②本人に関する項目を活用した家族の関与や活動の把握と分析

　本項では①の項目をアセスメントする際のポイントを解説していきます。

2）課題分析標準項目の改正ポイント

　ケアマネジャーのアセスメント項目は、課題分析標準項目を網羅していなければならないとされています。本書での家族アセスメント項目は、厚生労働省老健局から2023年10月16日に発出された課題分析標準項目（老認発1016第1号）（以下、新版課題分析標準項目）を基本として活用します。新版課題分析標準項目は、介護保険制度施行以来、内容の改正という

観点では初めてのことでした。改正の視点は、次の3点でした。

①最初の課題分析標準項目の作成から四半世紀を過ぎ、日常生活と介護の
　ありようは大きく変化したため、今日的な内容に反映する

②意思決定支援を支援の軸におくことを踏まえる

③情報や分析の抜け漏れと多職種間の共通言語を踏まえた内容とするため
　適切なケアマネジメント手法と科学的介護情報システム（LIFE）との連
　動を踏まえる

３）課題分析標準項目で家族の取扱いはどう変わったのか

　新版課題分析標準項目で一番重視していることは「意思決定支援」です。
アセスメント内容がそこに集約するよう必要な視点に基づいた項目設定に
なっています。意思決定支援に必要なアセスメントは、本人をはじめ家族
の意思、過去から現在までどのような生活を送って、どんな判断をしてき
たのか、これからの生活、生活の場、治療等をどう考えているのか等です。
ケアマネジャーや多職種等の専門職にとっては、意思はもちろんのこと、
専門職として将来予測を踏まえた情報提供を行うために様々な情報が必要
です。これは、適切なケアマネジメント手法との関連があります（「5.
「適切なケアマネジメント手法」における家族支援の考え方」（P.74））。

　ここでは、新版課題分析標準項目のうち家族に関する項目に焦点を絞り、
家族の取扱いがどのように変更されたのか、新旧比較を通じて確認します。

図表8　課題分析標準項目　家族に関する項目の新旧比較

項目/標準項目名	新	旧
家族の表記	家族等	家族
社会との関わり	家族等との関わり（家庭内での役割、家族等との関わりの状況（同居でない家族等との関わりを含む）等）、地域との関わり（参加意欲、現在の役割、参加している活動の内容等）、仕事との関わりに関する項目	社会との関わり（社会的活動への参加意欲、社会との関わりの変化、喪失感や孤独感等）に関する項目
家族等の状況	本人の日常生活あるいは意思決定に関わる家族等の状況（本人との関係、居住状況、年代、仕事の有無、情報共有方法等）、家族等による支援への参加状況（参加意思、現在の負担感、支援への参加による生活の課題等）、家族等について特に配慮すべき事項に関する項目	※旧版の項目名は「介護力」 利用者の介護力（介護者の有無、介護者の介護意思、介護負担、主な介護者に関する情報等）に関する項目

| その他留意すべき事項・状況 | 利用者に関連して、特に留意すべき状況（虐待、経済的困窮、身寄りのない方、外国人の方、医療依存度が高い状況、看取り等）、その他生活に何らかの影響を及ぼす事項に関する項目 | ※旧版の項目名は「特別な状況」特別な状況（虐待、ターミナルケア等）に関する項目 |

出典：「介護サービス計画書の様式及び課題分析標準項目の提示について」の一部改正について（令和 5 年10月16日老認発1016第 1 号）」（厚生労働省）より著者作成

①家族の表記

　旧版では「家族」、新版では「家族等」です。旧版が作成されたのは、介護保険制度が始まる前ですから1998〜1999年のことです。四半世紀前、多くの日本人がイメージする介護の担い手、とりわけ高齢者の介護の担い手というと、家族でした。特に女性、お嫁さんの役割とされていることが多かったです。介護の担い手は血縁関係、戸籍上・住民票上の世帯構成員であることが一般的だった時代です。「家族＝介護力」という表記は当時の実態を表していたのですから、むしろ事実を記載するアセスメント項目としては適切だったと言えます。

　それに対して2023年に発出された新版では「家族等」とされました。三世代家族が減り、核家族または単身世帯が増えたことで、家族の規模が小さくなり、機能が縮小化しています。それと並行して変化してきたのは家族の個人化です。四半世紀前、特に支援対象となる高齢者にとっての「意思決定」とは親族を含む「家」としての判断を踏まえるものでした。しかし現在では、結婚する・しない、婚姻関係を継続する・解消する、子どもを産む・産まないなど、**個人の意思**に基づくものとなっています。

　現在の家族とは「内縁関係」、「同性パートナー」、「血縁ではないが子どものように接してきた関係」等を含む、当人同士が家族、家族のように接している範囲になっています。そのため、新版では、戸籍・住民票上の家族に限定せず、本人たちが家族だと認識している者、介護に関して家族のようにかかわっている人等を含めて「家族等」となったのです。

　ケアマネジャーのアセスメントでは「家族」に限定せず「家族等」という視点で面談し、情報収集、家族等の支援を行っていくこととなります。「適切なケアマネジメント手法」においても同様です。本書では「家族支援」と表記していますが、その意味は「家族等支援」の範囲と同じことです。

　なお、医療における判断や同意は、介護で捉える家族等と同じとはいきませんので留意しなければなりません。

②「社会との関わり」と「家族等の状況」

　家族は社会の最小単位といわれますが、旧版の「社会との関わり」の概念は「家の外」と言えるものでした。それに対して新版では家族は社会の最小単位として捉えています。

　「役割」は2人以上の人がいるとき、その関係性のなかで生じます。このような理解の下、課題分析標準項目の主な内容（例）を確認すると、新版では本人の家庭内での役割、家族等とのかかわりを同居・別居を問わず確認する、とされています。かかわり、関係性によって、したいこと、してもいいこと、したくないことなどが見えてきます。

　役割を確認する際には、

　a.本人が家族に対してしていること

　b.家族が本人に対してしていること

がポイントです。本人は家族からしてもらうばかりではないことにも目を

向けておくことで関係性は鮮明に浮き上がってきます。

③「その他留意すべき事項・状況」

　その他留意すべき事項・状況は、旧版の「特別な状況（虐待、ターミナルケア等）に関する項目」に該当します。1998年頃には、虐待やターミナルケアは可視されていない特別な状況だったのです。高齢者虐待防止法（高齢者虐待の防止、高齢者の養護者に対する支援等に関する法律）の整備により、疑いを含めた通報件数は増加し、介護を介する関係では、虐待の芽はどこにもありえるという考え方に変化しました。そのため、どんなに仲のよい家族にも、時と状況により虐待の発生の確率は0（ゼロ）ではないという認識をもって予防的かつ早期発見機能を発揮できるよう対応することが肝要です。この考え方は前述した家族支援の類型【基本型】（P.54）に通ずるものです。

　またターミナルケアは高齢者介護の一部であり、2016年からは介護支援専門員となるための実務研修のカリキュラムに導入されました。後期高齢者の増加に伴い看取りは「特別な状況」ではなくケアマネジャーにとって標準的に対応できる知識と技能という位置付けとなりました。個人も家族も多様化が進んだ今日「特別な状況」という概念自体が古くなりました。

　「その他留意すべき事項・状況」は、示された標準項目以外で留意すべき事項を記載する箇所です。ここには、本人のこと、家族のことで「生活に何らかの影響を及ぼす」ような留意すべきことが記載事項としてあげられます。

5.「適切なケアマネジメント手法」における家族支援の考え方

　続いては「適切なケアマネジメント手法」（株式会社 日本総合研究所，2021年）（以下、「適切なケアマネジメント手法」）と家族支援の関係、この手法を活用した家族支援について解説していきます。この解説は、筆者がこの手法の開発に携わってきた経緯、実践経緯を踏まえたものです。

1）「適切なケアマネジメント手法」の構成

　「適切なケアマネジメント手法」は、「基本ケア」と「疾患別ケアマネジメント」から構成されます。この手法における家族支援は、まず基本ケアが土台となります。基本ケアはすべての利用者に対して、疾患別ケアマネジメントはその疾患に該当する利用者のみに活用します。重要なことは、基本ケアを飛ばして疾患別ケアを使用することはありえないということです。要するに基本ケアはケアマネジャーが利用者を支援するときの基本をまとめたものであり、同時に、ケアマネジャーが利用者に対して確認、対応していくことの基本が示されています。このように「適切なケアマネジメント手法」は、介護保険制度施行以来、ケアマネジャーにとって極めて重要なことを初めて体系的にまとめたもので、高齢領域におけるケアマネジメントにとって標準対応する位置付けの手法と言えます。

2）基本ケア優先活用の原則

　基本ケアを活用するときのポイントは、まず「基本方針」を確認のうえ、それに沿った思考と行動を心がけることです。基本ケアの基本方針は次のとおりです。

> Ⅰ．尊厳を重視した意思決定の支援
> Ⅱ．これまでの生活の尊重と継続の支援
> Ⅲ．家族等への支援

　基本ケアの基本方針は「適切なケアマネジメント手法」に示されています。その基本方針を実現するために必要な視点と確認事項は、ケアマネジメントの時系列に展開されています。これに沿って確認を行うことで、インテークのときからアセスメントのことを想定し、アセスメント実施時点から、あるいはケアプラン作成段階からモニタリングを想定した行動ができるのです。「家族等への支援」についても、どのような基本方針に基づいて、何を目的に、どのようなことを確認したり、支援するのか、近い将来のモニタリングでどういった確認をすべきかがわかります。さらに、相談すべき専門職が示されていますから、ケアマネジャーは多職種とともに、将来を見据えた行動を予防的観点も含めて行えるという仕立てです。

　つまり、基本ケアはケアマネジャーとして支援するときの基本方針を示し、体系的にケアマネジメントできるよう、ケアマネジメントの時間軸に沿って取りまとめられています。だからこそ、「適切なケアマネジメント手法」には**基本ケア優先活用の原則**があります。

　本書の第1章では、家族支援においても、将来の見立てを立てることや、危機的移行を避けるための予防的対応の必要性を述べてきました。課題分析標準項目に沿ったアセスメントを行う際に、「適切なケアマネジメント手法」を横に置いて確認する行動は、ケアマネジャーとして抜け漏れのない情報収集、サービス担当者との連携、モニタリングを補助することとなり、結果的に家族支援における必要な対応ができるようになっています。

3）「家族等への支援」の考え方

　「適切なケアマネジメント手法」における基本ケアの基本方針3つのうち、最初の2つは利用者に関すること、3つ目が家族等に関することです。「家族等への支援」は同居家族にも、別居家族にも行います。もちろん同居家族の場合には、居所、時間、経済等、生活そのものを共有していますから支援範囲は広いです。しかし別居だからといって無関係ではありません。本人と家族等は、物理的距離、関係性の良し悪しにかかわらず、何らかの形で影響し合っているからです。それは誰よりもケアマネジャーが実感していることでしょう。

　「家族等への支援」の考え方を確認します。結論から言うと、新版課題分析標準項目の「家族等の状況」と同じです。なぜなら、「適切なケアマネジメント手法」の開発の後、この手法とその他（社会の変化やLIFEの導入）を反映したのが新版課題分析標準項目だからです。「家族等への支援」の「等」は、家族の多様性や、本人を気にかける人、ケアラーという考え方を含んでいます。

4）誰を支援対象と考えるのか

　「適切なケアマネジメント手法」の「Ⅲ-1-1．支援を必要とする家族等への対応」では、家族等のうち、いったい誰を「支援を必要とする」対象にするのかという、ケアマネジャーにとって「対象の認識」の問題が出てきます。結論は「すべての家族」が対象です。前述した家族支援の類型【基本型】と同じ考え方です（P.54）。介護にかかわるという一点において家族はケアマネジャーをはじめとする専門職から配慮されるべき存在です。そのため、「支援の概要、必要性」には、次のように書かれています[※]。

```
┌─────────────────────────────────────────────────────┐
│              ┌─────────┐  ┌─────────┐                │
│              │ 対象の認識 │  │ 支援目標 │                │
│              └─────────┘  └─────────┘                │
│                                                       │
│  ・日々介護に携わっている家族介護者の不安とストレスを軽減し、家      │
│  族介護者自身の生活の継続を実現するためにも、家族等に対する受容      │
│  の支援とともに、日々実施している介護に対するねぎらいや、一人で      │
│  抱え込まなくて良いようにするための社会資源の紹介といった支援が      │
│  重要になる。                                          │
│                                                       │
│              ┌─────────┐                             │
│              │ 支援内容 │                             │
│              └─────────┘                             │
└─────────────────────────────────────────────────────┘
```

※「適切なケアマネジメント手法」（日本総合研究所，2021年）より引用

6．家族支援におけるケアマネジャーの基本的なかかわり方

　第2章の最後に、家族支援におけるケアマネジャーの基本的なかかわり方を具体例を用いながら解説します。

　ケアマネジャーの家族支援の基本は、第一義的に家族を介護者として捉えないことです。そして本人はもちろん、家族も生活していける生活基盤整備のための情報提供［情報的支援］と利用手続き支援［手段的支援］を行うことです。しかし、現実的には経済的理由やその他の理由によって家族が担わざるを得ない状況も多くあります。だからこそ、ねぎらいや承認の支援、共感的理解を示し、家族の介護負担やストレス軽減を図り、続けられる介護、生活となるようサービス利用［手段的支援］と相談面接による支援［情報的支援・情緒的支援］を行います（図表2（P.56））。

　「適切なケアマネジメント手法」の基本方針の1つである「家族等への支援」には5つの想定される支援内容があります。支援内容はNo.1〜No.44まであり、そのうちNo.40「家族等の生活を支える支援及び連携の体制の整備」には、家族への情緒的支援（ねぎらい）があります。

　家族をねぎらうことは、家族に接するときに必ず行うことといっても過言ではありません。家族が担っている実際の介護量にかかわらず、同居・別居を問わずねぎらってください。

　同居家族にはことさらです。介護は生活の中にあります。他人は生活の中、特に在宅生活の中には踏み込みません。誰も家族のしている本当のことを知りません。密室で、24時間気持ちの休まることのない、終わりの見えない介護をしている家族の本当の姿を知っている人は誰でしょうか。介護を専門としているケアマネジャーからのねぎらいは、家族にとって理解者を得たという意味をもち、大きな力となるでしょう。

　ねぎらいの言葉は、その内容の具体性が増すほど、うれしいものです。

　基本ケアの他の想定される支援内容項目と組み合わせた具体的な支援の例を見てみましょう。

例1．ねぎらい＋承認＋栄養＋フレイル予防
No. 7 食事及び栄養の状態の確認
No.29 一週間の生活リズムにそった生活・活動を支えることの支援
No.32 フレイル予防のために必要な栄養の確保の支援
No.40 家族等の生活を支える支援及び連携の体制の整備

　本人の食事状況に関するアセスメントで朝食は妻が作っていること、朝はパンのほか、ハムエッグやスクランブルエッグ等の卵料理を欠かさず作っていることがわかりました。本人が卵が好きなのか、元気な頃から習慣的

に朝食に卵を取っていたのか等を確認します。そのうえでケアマネジャーは「奥様は、たくさんやることがあるなかで毎朝朝食を作られていらっしゃって。ご主人様がお若いときから大好きな卵料理を飽きのこないように工夫されていらっしゃるんですね」、「朝からたんぱく質を取ることは、健康維持やリハビリにとって、とてもいいことなのだそうですよ」と言いました。話せばほんの15秒程度のケアマネジャーの言葉が妻にとってどのような意味を持つのでしょうか。

図表9　例1における支援の効果

情緒的支援：ねぎらい/承認
「奥様は、たくさんやることがあるなかで毎朝朝食を作られていらっしゃって。ご主人様がお若いときから大好きな卵料理を飽きのこないように工夫されていらっしゃるんですね」

情報的支援：情報提供
「朝からたんぱく質を取ることは、健康維持やリハビリにとって、とてもいいことなのだそうですよ」

介護負担/ストレス軽減
：介護の継続可能性/意欲向上

［介護者の気持ち］
・私がしていることをケアマネさんがちゃんと見ていてくれるのがうれしい。もう少し頑張れそうだわ
・私がしていることは家事であり、よいケアという意味もあるのね
・デイケアの前には特にしっかり食べてもらえるように工夫してみようかしら

著者作成

　この言葉はケアマネジャーが情緒的支援（ねぎらい・承認）と情報的支援（情報提供）をすることで、さらに今後の妻の行動への意欲向上を狙った意図的なものです。

　誰も知ることのない毎日の朝食作り。介護がありながら忙しい朝にも、夫の好みやこれまでしてきた生活を継続できるように栄養のバランスを考えて朝食作りを欠かさないという素晴らしいところにスポットライトを当てました［情緒的支援：ねぎらい/承認］。

　次に、朝からたんぱく質を摂取することは健康維持によいこと、さらに

リハビリにもよいことを知るための情報です［情報的支援：情報提供］。この妻なら夫が通所リハに行く日には、今よりも朝食でしっかりとたんぱく質を取れるように工夫してくれるかもしれません。それが「してくださいね」と指導されるのでは重荷になります。そうではなく、妻自身がそうしたいと思ってもらえるような意図的なかかわりをすることが、今している介護の負担やストレスを軽減し、今後につなげていく家族支援なのです。

<u>例2.ねぎらい＋承認＋意思決定支援</u>
No. 5 望む生活・暮らしの意向の把握
No.18 意思決定支援体制の整備
No.19 将来の生活の見通しを立てることの支援
No.41 将来にわたり生活を継続できるようにすることの支援

　家族の中には、これまでにも十分に介護し、もはや施設入所しなければ家族自身の生活も立ち行かなくなるような状況にありながらも、なお施設入所を迷う人もいます。本人と家族に選択権があるとはいえ、家族全体が健康に暮らせることは大切です。経済的理由であれば別ですが、施設入所をためらう理由がもし「（今は意思表示できなくなった）本人は家がいいと言っていた」、「家族は介護するもの」、「本人への恩返しに」、「親族から責められる」等だとしたら、これまで伴走して幾多の修羅場を共に乗り越えてきたケアマネジャーからの「もう十分になさいましたよ」というねぎらい、承認の言葉は、家族が肩に背負っている荷物を下ろす意思決定に左右する可能性があるでしょう（本人の意向に沿うには、住環境としての“家”は難しいが、“人”という観点では、家族の居所に近い施設を紹介し高い頻度で家族に面会できるような代替手段が想定されます）。

図表10　例２における支援の効果

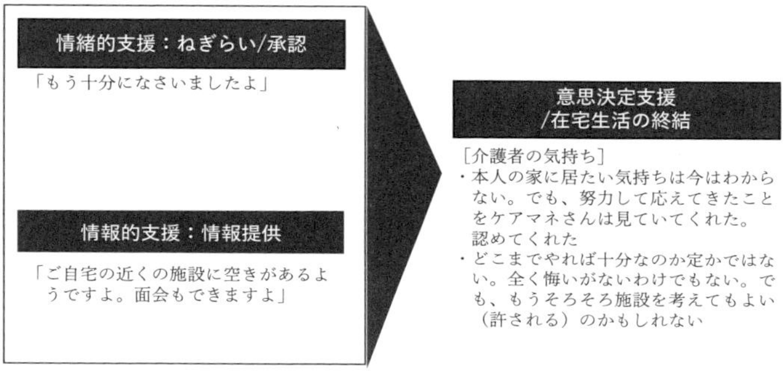

著者作成

　このようにねぎらいや承認といった情緒的支援は場面ごとに意図的に使い分けることができ、その効果も異なります。

　例１でケアマネジャーは家族が毎日当然のように人知れず行う、具体的な１つの行為を取り上げました。それによって現在の介護負担・ストレスの軽減、同時に今後に向けた介護のための意欲向上を図ることを目的としていました。

　例２では、本人の言葉や自分の責任を果たすといった理由から長きにわたって頑張り続けてきた家族に対する僅か12文字のねぎらい、しかし人生の最終章にかかわる意思決定支援でした。

　家族支援のための制度や公的サービスはわが国にはまだありません。民間サービスの活用も経済的にゆとりがあれば可能ですが、そういう家族ばかりでもありません。現状で行われているサービス利用は、本人の自立支援を理念とする介護保険制度の間接的利用（介護負担軽減のための利用）です。

　しかし、直接的に支援できる制度やサービスがないからこそ、ケアマネジャーが相談援助のプロフェッショナルとして行う面談がいかに有効であ

るかがわかったと思います。前述の 2 つの例のように、ほんの 10 秒程度の声かけで変わります。家族支援はケアマネジャーや家族にとって、時間や手間、お金がかかるというものではありません。ケアマネジャーの視点のもち方と相談援助技術によって、可能性が広がるのです。

　いよいよ次は事例編となります。ここまでお話してきた内容を実践している事例をお読みいただき、ぜひ、読者のみなさんの実践にもご活用いただければ幸いです。

家族関係がよいほど
本人の水分摂取量は多い！？

　「適切なケアマネジメント手法」を活用して実践研修を行う地域が増えています。実践研修とは、実際に利用者を 1 人選び、この手法を用いて再アセスメントやモニタリングを行うことです。この手法は「基本ケア優先活用の原則」がありますので、学習の順番も基本ケアが先です。基本ケアの想定される支援内容の項目数は44ありますので、同時に行うことは不可能です。そこで、実践研修ではあたりをつけて 1 つの項目を丁寧に確認し、掘り下げていきます。ある地域の実践研修の開始は 6 月。熱中症や脱水リスクが高まっています。水は命の源と言っても過言ではありません。そのため次の 2 つに焦点化しました。

基本方針	No.	想定される支援内容
Ⅰ．尊厳を重視した意思決定の支援	8	水分摂取状況の把握の支援
Ⅱ．これまでの生活の尊重と継続の支援	21	水分の摂取の支援

　実践研修では、利用者が 1 日（24時間）のうち何時に、何を、どれだけ飲んでいるのか、飲水の実績を確認しました。その結果、興味深い傾向が見えてきました。家族関係がよい利用者は水分摂取状況が良好だということです。以下は確認された背景です。

・家族とお茶を飲む習慣がある

・一緒にお茶を飲む習慣があるから、家族は本人の好みを知っている

・家族は（本人が飽きないように）本人の好みの飲み物を複数ストックしている

　家族関係がよければ習慣的に家族でお茶を飲み、季節ごとに好む飲み物も知っています。そのため自然と本人が好きな飲み物を準備できます。

　介護は生活の中にあります。生活は家族と一緒にありますから、水分に限らず家族関係がよければ、介護も望ましい形になりやすいのです。［生活・介護・家族関係］の循環が見えてきました。「介護によって家族の関係性を悪化させないこと」は、ケアマネジャーとケアチームが家族支援を行う1つの基準であり、目標と言えます。

コラム

アプローチプランの設定

　家族への支援に難しさを感じる人は少なくありません。難しさの理由は複数ありますが1つに"計画書がない"ことがあげられます。

　ケアプランがあるじゃないか。そう考えた人も多いでしょう。しかし、ケアプランは本人が利用するサービスを可視化したものです。ケアマネジャーやケアチームが行っている支援は、それだけではありません。もっと目覚ましい活躍をしています。それは"意図的なかかわり"です。例えば、認知症の人の家族が「本人が夜に外に出てしまうのではないかと心配で浅眠が続き心身共につらい。本人への言葉かけが厳しくなってしまいます」と言います。ケアマネジャーとして何をしますか。次は、考えられる支援を3つの支援方法に分類したものです。

支援の分類	考えられる支援の具体例
情報的支援	ショートステイ・通所系サービスの導入や日数増加、事業所の選択肢の提示、要する費用、家族会や認知症カフェ等ピアのかかわりの場、行政等のカウンセリングサービス等の情報提供
手段的支援	見学や手続き等への同席等

情緒的支援	相手の感情を推し量りながら声のトーンや話す速さを調整、夜間浅眠が続き心身共に疲れ果てていながらも本人を介護し続けている事実への尊敬とねぎらい、家族自身の健康を気遣う言葉かけ、家族が葛藤を表現できなければ認知症の本人に厳しい声かけをしてしまう自責の念などを、家族に代わって言語化し、そのうえで家族へ共感的理解を行う等

　このような支援は、その場で判断して行う一時的なアプローチ、支援過程全体を通じて長期的に行うアプローチがあります。本書の事例3（P.121）では、ケアマネジャーはアセスメントを基に長男嫁の支援方針、目標、支援内容、期間の計画を立て24カ月を想定して行いました。事例2（P.105）は、計画は作成していませんが、ケアマネジャー自身が支援の方向性に迷いつつも常にかかわり方を考え、ついには数年越しの一瞬の期を逃さず長男妻の背中を押す一言を伝える支援をしました。

　家族支援の方向性があいまいなときは、ケアマネジャーとして本人と家族を含めたケース全体に対する"かかわり方"をメモレベルでかまいませんので単語、短い文章、図など書き出してみてください。自分がしている無意識の行動が言語化され、ケースの全体像と時間軸の輪郭が浮かび上がってくるでしょう。なぜなら実際に行っている支援は、ケアプラン＋アプローチプランの両方であり、その答えはケアマネジャー自身の中にあるからです。

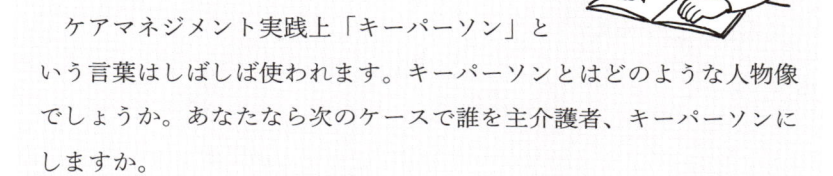

キーパーソンは誰？

ケアマネジメント実践上「キーパーソン」と
いう言葉はしばしば使われます。キーパーソンとはどのような人物像
でしょうか。あなたなら次のケースで誰を主介護者、キーパーソンに
しますか。

老夫婦世帯で本人（夫）は85歳、脳卒中の後遺症により要介護
3で通所介護、訪問看護、訪問介護を利用しています。妻は88歳
で本人の身の回りの世話をしています。長男は65歳で別居、長年
勤めた会社を定年退職したばかり。長男妻は教員として働いてい
ますが、土日は本人宅へ足を運んでいます。

・主介護者＿＿＿＿＿＿＿＿＿＿＿
・キーパーソン＿＿＿＿＿＿＿＿

主介護者は妻、キーパーソンは意見が分かれるのではないかと思いま
す。ポイントは、キーパーソンの判断基準です。あなたはどの意味で
キーパーソンを判断しましたか。

Ａ：意思疎通、連絡調整等、判断力・対応力が高い人［専門職や関係者からみた対応力］
Ｂ：意思疎通、連絡調整等の判断力かつ直系優先［専門職からみた対応力及び血縁関係］
Ｃ：家族内リーダーシップ。誰が家の中の物事を考え、決めるのか。または引っ張るような強さではなく "その人" の言うことなら家族みながそれでよいと同意する人物［家族の中での物事を決めていく中心人物］。
Ｄ：上記以外

　どれも重要なことですが、職種ごとに、また同一職種でも何を対象にした支援であるかによって実践上のキーパーソンの定義は異なります。家族支援を行う観点でのキーパーソンは単に連絡窓口として機能する存在ではありません。おのずとＣの視点が強くなります。そのため、ケアマネジャーは連携の要として自分が思っているキーパーソンのイメージだけではない考え方があることを認識しておきましょう。他の職種や論点となっている事柄でのキーパーソンとは誰か。何を意味するのか。そうした点からも慎重に捉えられると連携の広がりがあるでしょう。多職種にも「ここでの "キーパーソン" の意味は〜のことを言っています」と、そのケースにおける定義を丁寧に説明するよいでしょう。

家族支援の実践

―意向が違う、サービスを拒む、暴言・暴力を振るう―

利用者は在宅、家族は施設希望の事例

母と娘を承認し続け、それぞれの新しい生活を方向付けた支援

事例の特徴

- 85歳、女性、要介護2、アルコール依存、薬物依存
- 長女・次女宅を行き来している
- デイサービスではトラブル続き
- 娘たちは本人を大切にしたいが、たたいてしまい苦しんでいる
- 本人は在宅、娘たちは施設入所を希望

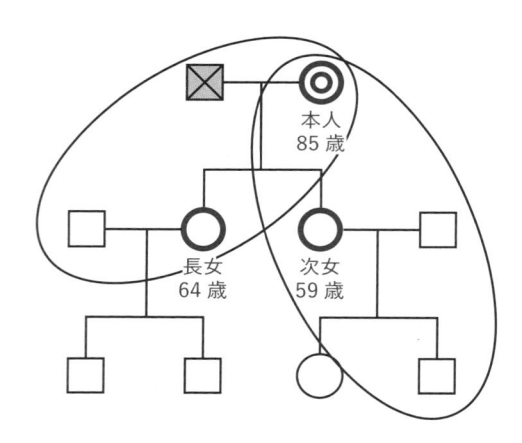

支援のいきさつ

　11年前に夫が他界し、本人は金銭面とアルコール依存、薬物依存のために1人での生活が難しくなりました。要支援2となり、デイサービス（通所型サービス）を利用するようになった頃から、長女宅・次女宅を月ごとに行き来して暮らしています。

　そんなある日、デイサービス中に発した「娘に怒られる」の言葉から、地域包括支援センターが介入して虐待ケースとなりました。またその頃、更新申請で要介護2が下りてケアマネジャーによる支援が始まりました。

1．いくら言っても聞いてくれない母へのイラ立ち

　「お母さん、何度も言わせないで！デイサービスでは人に物を渡しちゃダメって言ったでしょう。どうしてわかってくれないの」とケアマネジャーのいる玄関先まで長女の怒鳴る声が聞こえてきます。どうやら本人が他の利用者さんに、鎮痛剤と湿布薬を譲ってあげたようです。そしてデイサービスから注意を受けた長女が、本人にイラ立ちを感じている状況だと推測しました。

　ピンポーン。玄関のベルを鳴らすと長女の怒鳴る声が止んで、ドアが開きました。長女はリビングに続く廊下を歩きながら本人に続けて言います。「ケアマネさん、わざわざ来てくださったのよ。お母さん、人に迷惑ばかりかけちゃダメなの」

　ケアマネジャーは本人に薬を譲った経緯を確認しました。すると本人は「痛い痛いって言ってんだから薬をあげて何が悪いんだい」とあっけらかんとしていて、その態度が長女を余計に激昂させます。

　ケアマネジャーは本人と長女の緊張関係が少しでも緩むように、利用者本位の立場から何ができそうか考え、本人が他の利用者さんに薬を譲ろうと思った経緯と気持ちを確認することにしました。

　しかし、ケアマネジャーが「お優しい気持ちからなんですね」と本人を承認しようとする前に、長女は間髪入れず「他の人の悪口も言ったんでしょう。お母さんのせいでデイに来なくなった人もいるって。お願いだからそういうのやめてって昔から言ってるでしょ！何回言えばわかるの！」と興奮は止まらない様子です。とはいえ長女の言っていることはまっとうで誠実です。だからこそ長女のストレスになっているのだと推察しました。また後にデイサービスからの情報で、利用中の態度も管理者がいる前とそれ以外では違うという話もありました。

　ケアマネジャーは、この家族には担当になったばかりの現在の状況では、計り知れないほどの過去の経緯や根深い家族関係があり、介護をきっかけにそれが一気に噴き出していることを感じ取りました。

支援者の見立て①

家族の理解を得るために、利用者の善意の行動を見つけて代弁する

　デイサービスから注意を受けた長女は、理解のできない本人の行動にイラ立ちを感じていました。そこでケアマネジャーは、本人と長女の緊張関係が少しでも緩むように、利用者本位の立場から、どのような思いで本人が他の利用者さんに薬を譲ろうと思ったのか、経緯と気持ちを確認することにしました。すると本人は「痛い痛いって言ってんだから薬をあげて何が悪いんだい」とあっけらかんとしつつも、その行動は確かに善意によるものだということがわかりました。

　このように利用者の善意による行動を探して、利用者の立場に立って代弁等の支援をすることは、家族のすれ違いをほどくために大切な

ことです。

　しかし本ケースに関しては、他にも長女を怒らせる要因があり、さらにその怒り方から、この家族には、容易にひも解くことのできない過去の経緯や根深い家族関係があることをケアマネジャーが感じ取っています。

　このようなときは、まずは、利用者と家族それぞれの言い分を丁寧に聴くこと、そして家族間の関係性と情緒面に配慮した面談とアセスメントの必要性があるでしょう。

２．娘たちのストレスは何か

　支援に入った当初から、本人は長女宅で暮らすことを、長女と次女は施設入所を希望していました。意向の相違です。また虐待ケースとして担当になっているので、意向だけの問題ではなく、必要性と緊急性の高さの観点からモニタリングの必要もありました。

　そしてケアマネジャーによる支援開始から半年以上が経過して、利用を始めたショートステイ（短期入所生活介護）でも、デイサービスと同じように、長女がスタッフから本人の態度について注意を受けました。そして長女から状況を聞いた次女を含めた娘たちは「なぜお母さんは、そうなの」、「人に感謝しないでやってもらって当たり前の態度に腹が立つ」、「言ってもわからないなら早く施設に入ってほしい」と泣きながら言います。

　しかし、それでも娘たちは、母親が納得しない限りは施設入所は進めないと決意しているようで、ケアマネジャーに対して入所の話を具体的にすることはありませんでした。

ケアマネジャーが感じた疑問

　ケアマネジャーは心の奥底で、娘たちは、なぜストレスを感じながらも本人が納得するまで施設入所の話を一向に進めないのか、ひっかかりを感じるようになりました。

　実は娘たちは、本人をとても大切にしていることがわかりました。そのことを伺い知れたのは、本人の ADL や IADL、24時間の過ごし方の確認を通じて、家族が日常生活にどうかかわっているかという観点も意図的にアセスメントしたからです。

　例えば、身体によい食事の工夫、着実に服薬できる服薬管理、生活費や介護サービスの利用料の金銭管理の支援等、至るところまで丁寧で、しかも娘たちだけではなくそれぞれの夫の理解もあることがわかりました。つまり家族全体が本人の「長女の家で暮らしたい」という意向を尊重していたのです。

　それなのに、本人は他の利用者やスタッフに迷惑をかけ続けています。何度注意しても行動を変えてくれません。どうしてうちのお母さんはこうなのか。してもらって当たり前とさえ思える横柄な態度。真面目で誠実な性格の娘たちだからこそ、周囲への申し訳なさもあいまって感情がぐしゃぐしゃになります。そして本人にきつく接すること（虐待）に至り、それを悔やんで自己嫌悪に陥り苦しんでいました。ケアマネジャーは、娘たちにとってのストレスとは、こうした一連のことに起因するのではないかと分析しました。

図表　娘の抱えるストレス

| 大事にしたい | 母の意向を尊重したい | 丁寧に介護したい |

葛藤

| 苦しい | 態度を変えない母へのイラ立ち | 周囲への申し訳ない気持ち |

支援者の見立て②

ストレスを感じながらもなぜ面倒を見続けるのか。
家族の歴史にひも解くヒントあり

　娘たちは、ストレスを感じ施設入所を希望しながらも、なぜそこまで本人の意向を尊重し、毎日の生活も丁寧に支えているのでしょうか。

　それは現在の日常生活や、介護負担、本人と家族の関係性という現時点の理解では答えは見えてきません。

　考えても解決にたどり着けない疑問は、現状を引き起こす背景との関連、家族の歴史も含めてひも解く必要があります。つまり、その家族の過去から現在に至るまでのこと、そして将来のことを見据えたときに感じるであろう現在への不安や様々な感情など、時間軸を含めた家族アセスメントの必要があります。

　また、解説編で触れたとおり、ストレスと介護負担は関連していますので、ストレスにも意図的に目を向けましょう（解説編第1章（P.31））。

3．母親への複雑な感情、幼少期の思い出

　ケアマネジャーは、娘たちに「なぜ、これだけのことを母親にされているのに、こんなにも母親を想えるのか」と率直に聞きました。答えは「わからない」でした。

　この問いかけの目的は2つあります。1つは、家族の歴史をひも解くことです。もう1つは娘たちに、自身で母親にかかわる自分の立ち位置を見つめ直し、自分の今後の人生を考え、自己決定していけるようになってもらうことです。そのためには、娘たちが母親について語る機会をつくり、語ることを通じて自身でもわかっていない母親への想いに気づき、整理できるようになる必要がありました。

　娘たちは幼少期を思い出し語り始めました。山菜取りに行ったとき、お母さんがお弁当を作ってくれてうれしかったこと、でも成長するにつれて友達のお母さんとは違うことに気づいたこと、それでもその頃から今に至るまで約60年間、普通のお母さんではない、とわかっていても、心のどこかでちゃんとしたお母さんであってほしいと諦めきれない気持ちがあったこと、中学生の頃に父親が他界し、読み書きや算数が苦手で働くのに苦労しながらも、女手一つで育て上げてくれたこと。娘たちは幼少期から大人になるまでの様々な思い出を記憶から呼び出して語ってくれました。

　このような娘たちの語りから、ケアマネジャーは、娘たちがここまで苦労しながら母親の世話をするのは、幼少期に母子の愛着関係が形成されていたこと、父親が他界し、知的な面で苦労を負いつつも働いて育ててくれたこと、今は自分自身も母親という立場になったからこそ込み上げてくる母親への感謝の気持ちがあること、そして今は自分が母親に接する姿を自分の子どもから見られている立場であること等、この家族の歴史から紡がれた複雑な関係と感情が根底にあるのだと推察しました。

　だからこそ、簡単に施設入所すればよいという「虐待→分離」ありきの

考え方に陥らず、将来的に本人が入所した後に娘たちが後悔しないために
は、まず今の日常生活が大切であることを理解し、いずれ施設入所すると
いう決定は同じでも本人と家族が後悔しない施設入所までのプロセスを実
現するためにケアマネジャーとケアチームは何ができるのかを考える必要
があるとの結論に至りました。

支援者の見立て③

ケアマネジャーとケアチームが家族（娘たち）に できることは何かを見極める

　家族の歴史のひも解きを通じて、施設入所の決定に至るには、娘た
ちの心の整理に相応の時間がかかることが予想されます。このような
場合に、ケアマネジャーとケアチームができることは第一に「娘たち
の苦しさを強めないこと」です。それは娘たちがこれ以上、精神的に
追い詰められないように取り計らうことで、虐待を発展させないこと
となり、そして本人の安全と長女宅での生活の継続につながる可能性
があるからです。

　では「娘たちの苦しさを強めないこと」として具体的に何ができる
のでしょうか。

４．ケアマネジャーの本音と承認するという支援

　ケアマネジャーは大きく３つのことを意識して支援に当たりました。

　１つ目は、起きていることすべてを報告しないことです。娘たちは、本
人の振る舞いに心を痛めていました。そのため、デイサービスで本人がし

ている振る舞いや起きていることのすべての報告をすることをやめました。これは伝えた方がよいという情報をケアマネジャーとデイサービスで取捨選択し、その判断を共有してから娘たちの耳に入れるようにしました。これは、娘たちが本人の問題行動を聞くことで生じるストレスをできる限りなくし、本人への虐待をエスカレートさせないためにも有効でした。

　2つ目は、デイサービスに行けなくなるという事態を防ぐことです。実はこのときデイサービスから受け入れを断られる寸前のところまで状況は深刻化していました。もし本当にデイサービスに断られたら、娘たちはどうなってしまうのでしょうか。娘たちにとっての今の母親は、デイサービス（コミュニティ）に迷惑をかけた挙げ句、出入りを禁止された人ということとなり、母親がそのような人であるという事実は、娘たちが幼少期から持つ「難しいとわかっていても、ちゃんとしたお母さんであってほしい」という願いとは真逆の結果を突き付けられる形となります。そして娘たちは深く傷つき、それにより虐待の可能性も高まると推察したため、許される範囲でデイサービスという居場所を守る必要がありました。

　3つ目は、聴くことしかできないなかで、聴くに徹することです。ケアマネジャーは、本人と娘たちが抱える問題は介護によってのみ生じたのではなく、介護が発生する前から継続して存在している過去からの問題が根底にあると考えました。そして根深い過去の関係性の部分は、ケアマネジャーの介入では変えられない部分であり、現在できることは聴くことだけだと思い至ったのです。

　過去から現在、そしてこれからのことを整理し、決定できるのは娘たちだけです。ケアマネジャーには現状なにもできません。だから娘たちが過去を話したい、話してくれるというなら、ケアマネジャーはとことん話を聴こうと決意しました。

　ケアマネジャーとしても、娘たちに楽になってもらいたいという思いは

心の底にありましたし、それを自覚していました。しかし、それを望むかは娘たちが決めることだとも思っていました。

家族支援のアプローチ

承認するという支援

　家族が話したいと思える関係はどのようにして形成されるのでしょうか。それはケアマネジャーが、家族のしていること、考えていることに関心を寄せ、理解することが大切です。

　この事例のケアマネジャーは「たたいた」と安心して報告できる信頼関係があります。それは、たたいてしまう理由について、単に現在の苦しさだけではなく、幼少期にまで遡って娘たちと本人（母親）の間の絡まり合った糸を娘たち自身が見つめていけるよう聴いているからです。そして、娘たちが日常的に努力して丁寧に母親の介護をしていること、本当はダメなことだとわかっていても、たたいてしまったこと、さらに母親を大切にできない行動をとって、誰よりも傷つき後悔しているのは自分（娘）自身であることを理解してくれている、と思えるからです。信頼し、よき理解者と思える人（ケアマネジャー）の承認が、娘たち自身の自己決定につながっていったと言えます。

5．優先するのは虐待という事実か、本人・家族の想いか

　当初は、虐待ケースなので、地域包括支援センターに報告済で優先順位を上げてもらってすぐに施設入所になると想定していました。しかし、娘たちの母親に対する様子をみて傾聴したことで、母親への想いを知り、安

直に分離という方法を取ってはいけないと思い、関係者に確認しました。

　本人・家族ともに施設入所を望まないこのタイミングでの分離となれば、本人と娘たちの想いは平行線のまま、離れ離れになってしまい、言わずもがな本人は悲しみ、最悪の場合、本人が他界したときに娘たちが深く傷ついてしまうと推察できたためです。

支援者の見立て④

虐待ケースにおける分離の及ぼす影響とは

　虐待ケースでは往々にして、分離が1つの解決法かのように見えることがあります。しかし、分離すればよいというわけでもありません。分離を選択する際には、分離した後の親子関係に配慮しなければならないです。さらに高齢者の場合にはそのまま一生一緒に暮らせないことは珍しくありません。となれば、残された側に「もっと一緒にいたかった」と後悔の念があるなら、それは他界した後にずっと消せない心の傷となります。そのため完全な合意ではないにせよ、関係者がそれなりに納得するところまでもっていくことが大事です。

　とはいっても、このタイミングで強引に分離をしなかったことで、この後、娘たちによる虐待がエスカレートしたり、一瞬で大きな問題を起こしたりしてしまう可能性が常につきまといます。

　ただ、ケアマネジャーは、娘たちは本人に大きな危害を加えることはないと確信し、引き続き娘たちと一緒に本人を支援することにしました。

支援者の見立て⑤

二次災害が起きないように食い止める。
その見極めと根拠を持つ

　この事例の施設入所までの道のりということを考えると、プロセスがずいぶんとゆっくりで、リスクを伴っているように見えます。分離を選択しなかった場合、ケアマネジャーは、事が起きるたびに「次は何が起きるんだろう」、「何かしなきゃ」という心理になりやすいです。

　ではなぜ、このケースのケアマネジャーは大きな危害を加えることはないと確信していたのでしょうか。大丈夫だと思える2つの根拠にケアマネジャーは気づいていました。

①娘たちは自分たちの状況をある種、客観的に見ることができている

- 「本人が〜と言うから我慢できなくて手が出ました。口をムギューっとつねりました」とケアマネジャーに言葉としてその都度説明し、報告してくれます。

- 「手は出ますが、足は使ってません。これをやったら次はないと思っています」と娘は自分のしていることと、置かれている状況を分析的に見ることができています。

②娘たちを支える存在がいる

- 長女、次女の夫はそれぞれ、長女と次女の置かれた状況と過去から紡がれた感情のよき理解者です。本人から娘の夫たちに向けて発せられる心ない言葉にも短絡的に反応しません。

- モニタリングに長女、次女の夫も同席してくれます。

- 長女、次女にはそれぞれ子どもがいます。もし大きな危害を加えれば子どもから見て、お母さんはおばあちゃんにひどいこと

をしていると思われます。子どもを「深刻な虐待をする母親の子」にしたくないと思うことがストッパーになっています。

6．家族の決断、施設入所へ

　長女と次女は、やがて体調不良を来し始めます。長女は足をけがして皮膚移植し、うつ病を発症、次女はがんが見つかり、交代で入院します。それでも娘たちは本人の施設入所を希望しませんでした。長女が入院していた間、本人は次女宅で、次女が入院する間は再び長女宅で面倒を見ました。

　まず、長女の入院により、次女宅に身を寄せていた間には、次女の夫にも世話になっていたのですが、本人は平気で「長女の家がいい」と繰り返します。デイサービスでの振る舞いもエスカレートするばかりです。次女の夫もモニタリングに同席するなど、献身的に次女を支えていましたが、次女宅での生活が3カ月経過した頃、次女のストレスはついに頂点に達します。そしてその頃、初めて次女から施設入所に関する具体的な相談が出ました。実に支援開始から1年半が経過していました。しかし、この時点で長女の体調が改善したことから、施設ではなく、再び長女宅で暮らすことになりました。

　ところが本人が望んだ長女宅での暮らしでも本人の態度は次女宅でしていた態度と変わりありませんでした。むしろ、何もしない状況に拍車がかかり、トイレまで何とか移動できるのに「トイレに行くのも面倒くさい」と言い出してリハビリパンツに排泄するようになりました。長女の夫への態度も悪く、長女は「手が出そうになる」、「実際に手を出しました」とケアマネジャーに報告し、さらに以前より強い口調で「施設に行きたくないなら、ちゃんとやって」と本人を追い詰める対応になっていきました。

　その様子を見ていた次女からは「もう抑えられない」との発言が出まし

た。そしてついに長女と次女から、施設入所の要望が表明されました。この時点で支援開始から2年8カ月が経過していました。本人の意向は「長女の家で暮らしたい」ことに変化はありませんが、渋々でも施設の見学に応じ、「こんなに急なんて。まだ行きたくない」という言葉を発しつつも施設入所を認めました。

支援者の見立て⑥

入所は家族本位の判断ではないか、
利用者本位からの逸脱ではないかという葛藤を
どう考えるのか

施設入所の意向は家族発信でした。このことは利用者本位の支援を行うべきケアマネジャーが家族寄りの支援をしたと見なされるかもしれません。つまり、利用者本位からの逸脱ではないかという倫理的な課題に関する指摘です。

ケアマネジャーが家族の意向をくみ取り、利用者の意向を調整する場合には、どのような支援プロセスと判断根拠が必要なのか理解し、説明できる必要があります。

一般に、本人が嫌がるなかでの決定（入所）は、ケアマネジャーとしてはためらいが生じるでしょう。しかし、この事例のような状況で在宅生活を続けていくことはできません。むしろ見方によっては、プロセスが遅いとの指摘もあると思います。これは、長女と次女の過去からの親子関係と母親に求める母親像と現実のギャップを、わかっていてもそれを諦められない娘たちの問題として捉え、あえてリスク管理をしながら見守ってきたためです。

　娘たちはむしろ母親の意向を尊重し続けているなかで葛藤していました。このような状況なら多くのケアマネジャーは「もういいんですよ」と娘たち側につくかもしれません。本来のケアマネジャーの立場は、ためらいもなく家族側につくものではありません。しかしこの事例では娘たちがここまで積み上げてきた行動や言葉、本人の現在の言動を表す情報を基に「これ以上は悪い結果をもたらす」と判断しました。ケアマネジャーは何一つ自分の思いを押し付けたことはありませんでした。むしろ、忍耐強く3人に寄り添って、長い時間をかけて丁寧に話を聴き続け、それぞれが納得できるところまで待ちました。

　気をつけなければならないのは、正義感を前面に「分離すべき」、「事件になったらどうするのですか」と性急に進めることです。ケアマネジャーが家族支援をするとき、家族に寄り添って「こんなに苦しんでいる家族を守らなければ」と家族に寄り添い、本人支援を抜きにしてしまうことは、ケアマネジャーが行う利用者本位において、正しい支援方法と言えるでしょうか。そのため、家族側につくときの判断根拠を明示できることは、倫理的にもとても重要な意味を持ちます。

　この事例は、利用者、家族という対立関係ではなく主人公は3人と捉え、それぞれに人生を歩み、幸せになりたいという思いに寄り添ったかかわりでした。誰にとってもすべてが思いどおりにいく道は、あればよいですが現実はそうではありません。娘たちの幼少期からのジレンマの延長線上に3人がそれぞれ新しい生活をつくる、結果的に、その手伝いさえもしていた家族全体に対する支援であったと言えます。

家族が認知症の利用者を強い口調で責めている事例

長男の急死、胸の内を語らずに義母を介護する長男妻の思いに寄り添う支援

事例の特徴

- 75歳、女性、アルツハイマー型認知症、要介護3、認知症高齢者の日常生活自立度IV
- 本人の介護をしていた長男は、がんが発覚し、間もなく他界
- 残された長男妻が主介護者となり、施設入所ではなく在宅生活の継続を選択した
- しかし、重度認知症の本人に対して厳しい口調で容赦なく責める
- 長男妻の介護負担を心配し、孫（就労あり）が同居するようになった

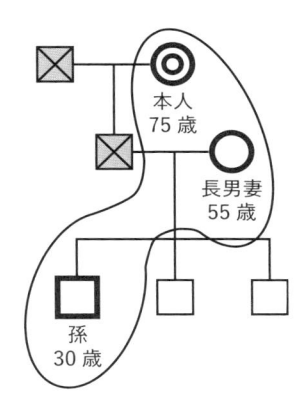

支援のいきさつ

　本人が誤嚥性肺炎で入院していた病院のMSW（医療ソーシャルワーカー）からケアマネジャーに連絡が入り、このケースを担当することになりました。がんが発覚していた長男は本人の入院中に亡くなりました。本人にとって退院とは元いた家に戻ることとはいえ、（就労せず）いつもそばにいてくれた一人息子である長男の姿を見ることはもうできません。本人は認知症で長男の他界を理解できていないでしょう。しかし、何かが違うことは感じ取るはずです。長男に代わり主介護者・キーパーソンとなった長男妻、そして長男妻の介護負担を心配して同居を始めた孫とともに退院に向けた準備をして、この家族にとっての新しい生活が始まりました。

図表　事例2のファミリーライフサイクルピクチャー

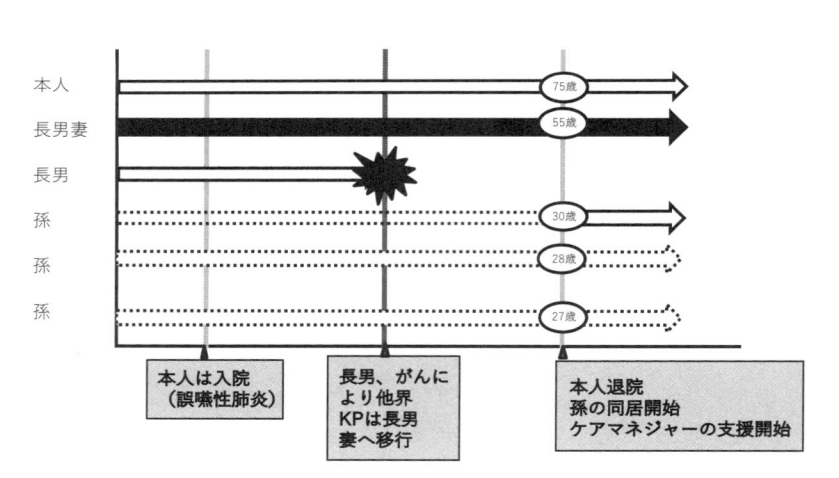

出典：上別府圭子『家族のライフサイクルを可視化する方法』系統看護学講座.別巻[8]家族

看護学第2版,上別府圭子ほか,p.52（医学書院,2024年）を一部改変

1．夫が亡くなり、姑の介護がスタート

　退院後初回のモニタリング訪問です。ケアマネジャーが自宅前に到着すると「どうしてできないの？」と長男妻の厳しい声が聞こえてきました。「これでは本人も長男妻もつらいだろうに・・・」そう思いながらケアマネジャーは玄関のベルを鳴らしました。

　部屋に通され、いすに深く座っている本人に対面し「こんにちは」と挨拶しました。すると「こんにちは」とゆっくり返してくれました。少し眠そうな目をしていたかと思うと、うとうとし始めました。

　ケアマネジャーは長男妻の置かれた状況を 慮 り、何よりもまず長男が他界したことのお悔やみの言葉を改めて伝えました。すると長男妻は「病気だったんだから仕方のないことよ」と淡々としています。ケアマネジャーは、長男妻はもう少し落ち込んでいると思っていました。一方で、今は憂えている暇もないほど、生活することで精一杯なのかもしれないと思いました。

　ケアマネジャーから見て、この事例への向き合い方を考えると、単に退院ケース、重度認知症のケース、主介護者の本人への対応に課題のあるケースといった、現状表出している介護にまつわる現象だけを捉えるのではなく、この事例の特徴は用心深く捉える必要があるかもしれない、という直感がありました。

　この事例は「長男の死」という家族全員にとって人生の一大事が生じた時期に支援がスタートしました。さらに、長男の死を受けとめる間もなく、家族構成の変化、それに伴う家族役割の変化、家族関係の変化が同時に発生しています。

　今、この家族に何が起きているのか、どのような気持ちで毎日を生活しているのか、どのような生活実態なのかを知り、ケアマネジャーとして本人と家族が今より少しでも穏やかに暮らせる支援ができればと考えました。

支援者の見立て①

事例の特徴と、求められる力量と自身の力量を推し量り、向き合い方を整理する

　通常の新規ケースは介護が生じたことによる家族状況の変化に対する家族支援を行うことが多いでしょう。ところが、この事例は一人息子である主介護者の死によって生じた変化に対して支援が始まったことを認識する必要があります。だからこそ過去からの、家族それぞれから見た変化を俯瞰（ふかん）できなければ、本人支援、家族支援の真のニーズを見逃してしまうおそれがあります。さもなければ新たな主介護者（長男妻）に対する理解は「単に認知症の理解の乏しい人、義母に対して厳しく当たる人」といった表層的なものにとどまってしまい、ケアマネジャーが行う主介護者への情報提供の内容や面談での声かけがちぐはぐなものとなり、主介護者を追い詰めるものになることも考えられます。そうなってしまえば主介護者は、介護や家庭内の出来事に関する専門職の理解者を得られず、一層本人の介護に対するストレスを覚えることになることが予測されます。このような危機的移行を避ける予防的観点をもつことが大切です（解説編第1章（P.29））。

　このような見立てのなかで、この事例におけるケアマネジャーが行う支援とは何かを考えると、長男に代わり主介護者になった長男妻の介護負担という観点では、日常生活全般にわたる介護量の多さへの対応です。サービス提案にあたっては、介護負担が身体的、精神的、経済的にどうなのか、十分に考慮しなければならないでしょう。

　また介護サービスの調整はもとより、家族への相談援助をどのように行えるかも重要です。それ次第でケアマネジャーとの面談やかかわ

りが家族にとってどのような位置付けとなるかは変わり、今後のケースの経過に影響していくことも考えられます。

　よりよい支援を行うためには相談援助技術も含め、ケースに求められる力量と、自分自身が持ち合わせる力量を推し量りながらかかわる必要があります。ところが、かつての主介護者である長男の他界とともにスタートしたこの事例の特徴と、まだ支援開始時点で家族の歴史、それぞれの立場や考え方、価値観を理解できていない段階では、自分の力量がこの事例に対応できるのかを推し量ることすら難しいです。そのため、今後の支援過程で事例と自分の対応力のバランスを客観的に見ながら、かかわっていかなければならないでしょう。

　そして本人支援を目的に行う家族支援として、家族から見て現状はどのように映っているのか、どのような心理か、今後は面談を通じて時間経過に伴う変化を含めて確認する必要があります。

　あわせて重度認知症の本人、主介護者である長男妻、同居を始めた孫それぞれのレジリエンス（困難や脅威に直面している状況に対して適応しながら成長する能力）やストレングスも面談から時間を追って確認していくことで、かかわり方や支援策、今後の選択に向けた提案が可能になります。

　大げさかもしれませんが、この事例は「本人の介護を通じた家族の人生の転換期における家族全体と各家族成員の生活を安定させるための支援」と言えます。

２．長男妻はなぜ本人に厳しく接するのか

　長男妻はなぜ、本人に厳しく当たっているのでしょうか。この状況について本人は「つらい」と意思表明していませんが、つらいことは誰が見て

も明らかです。このままでは本人の認知症の症状悪化にも影響が生じるおそれがあります。どうすれば長男妻の本人への接し方に変化をもたらすことができるでしょうか。それには、その背景には何があるのか理解しなければ声のかけようもありません。そこでケアマネジャーは、長男妻の今の気持ち、生活状況を話してもらい、少しでもその思いや葛藤等に寄り添い、長男妻にとっての今とこれからの生活の優先順位を知り、手立てを考えることにしました。これらを確認するため、本当に当てはまるかどうかは別として、長男妻の現在の状況等について、これまでの経験を基に想定できることを可能な限り書き出してみることにしました。

a. 認知症の疾患への理解が乏しい
b. もともと長男妻の性格がきつい
c. 介護量の多さや介護の仕方がわからない等から長男妻にストレスがかかっている
d. 介護以外のことでストレスがかかっている
e. ともかく現状を受けとめること自体がつらく大きなストレスがかかっている
f. 本人の介護について気持ちは積極的ではないが、介護せざるを得ない理由（情報不足、経済的、周囲の意見、自分自身の価値観や思い込み）があって介護している
g. 長男や本人との過去からの関係に不満があり、長男が他界したことで歯止めとなるものが消失した
h. ケアマネジャーが想定していること以外の理由が存在する

　ケアマネジャーは「a.認知症の疾患への理解が乏しい」の可能性を確認しようと、モニタリング面談で長男妻に本人のアセスメントのために必要なので教えてほしいと言って次のことを確認し、それぞれ回答を得ました。例えば、以下のようなものです。

「a.認知症の疾患への理解が乏しい」の可能性を確認する質問	長男妻の回答
①本人が診断を受けたのはいつなのか	今から5年前
②そのときに同席していたのは誰か	当時の主介護者だった長男
③医師からどのような説明を受けたか	個人差はあるが、10年程をかけて自宅の外のこと、自宅の中のこと、最低限生きるために必要なことが次第にできなくなる
④今の状況をどう思うか	次第に最低限生きるために必要なことができなくなっている時期

　この回答から、おおむねアルツハイマー型認知症のことは理解していることがわかりました。ケアマネジャーは「これからは話すことも、できることも今以上に少なくなっていくと思います」と伝えました。すると長男妻は「わかってるんですよ。私の言い方、ひどいでしょう!?」、「これがもっとひどくなったら虐待なんですよね」と淡々と早口で言いました。続けて「どうしてこういう言い方するのか、自分でもわからないんです」と。このやりとりから長男妻自身、頭ではわかっていても、止められないものがあることは理解できました。

支援者の見立て②

モニタリング中は様々な可能性を想定しながら今後の支援の方向性を検討する

　ケアマネジャーはモニタリングを通して、利用者・家族と信頼関係を構築していき、今後の支援に活用していきます。
　それでは、この事例の家族支援におけるモニタリングのポイントと

なるのはどのようなところでしょうか。

　まず、ここまで話を伺ってきて、長男妻は、本人に対して言動をコントロールできない自分を自覚しながら過ごすことはつらく、それ自体がストレスとなっている可能性が考えられます。

　また長男が他界しても本人を施設に預けず仕事と介護を両立させて在宅介護している、その一点において長男妻はその労をねぎらわれる存在です。そのことを誰が承認できるかをケアマネジャーやケアチームが認識してかかわる必要があります。併せてねぎらいや承認を受け続けることで、長男妻の本人への接し方に変化は生じるのか、経過を確認し対応を検討しましょう。

　そして長男妻に変化が生じるまで、本人はこの環境に耐えられるか、本人が感情を表現することが難しいだけに注視しましょう。状況次第では高齢者虐待のおそれを視野に入れることも必要です。

　これらの様々な可能性を頭の片隅で考えながら、モニタリングを進めることができれば今後の支援の方向性も見えてくるでしょう。

ケアマネジャーはモニタリング訪問中、これから会話を進めるに当たり、次のようなことに考えを巡らせていました。たくさんのことを思考していますが、時間にすれば一瞬のことです。

- つらく当たるたびに長男妻は「また言ってしまった」という感情を抱いている可能性がある。しかし、長男妻は自身も自分の言動の原因がどこにあるのか自己分析できずにいる。毎回、自問自答することも自己嫌悪等でストレスになっている可能性がある

- 長男妻にとって介護負担を軽減することは、本人との接触機会を減らし、介護以外の時間をつくることにつながる。時間をつくることができれば

長男他界後の各種対応、家事等の日常生活のことや仕事に集中することができる。何よりも安眠できる時間を確保できることで体調維持を図ることができる

- 一方で、家計に不安がある場合には介護サービスの利用を躊躇し、長男妻が残された選択肢として自身で介護をしている可能性もある

- 本人の財産や収入はどうなのか

- 現在の長男妻の介護の動機、本人への接し方に何が影響しているかを考慮すると、これまでの嫁姑関係や、長男から引き継いだ主介護者という立場と役割（長男との生前の約束か、亡くなった長男の気持ちを推し量ってのことか、「家族で面倒をみる」という価値観や責任感か）等の長男との生前の夫婦関係の影響を受けるなど、多くのことが絡み合っていると推測される

- 介護に関する範囲のことなら面談を通じてケアマネジャーが問いかけることで、長男妻自身が自分を考え、振り返る機会となる。たとえケアマネジャーに対して表出しなくても、長男妻自身が気づき、心を整理するきっかけづくりになるかかわりはできるのではないか

このようなことを考えつつ、ケアマネジャーは今日だけでなく、今後のモニタリング等、長男妻とかかわるときに焦らず、長男妻の表情や状況を見ながら意図的に問いかけていくことにしました。

家族支援のアプローチ

問いかけるという支援

人は自分の感情に気づかない、またはその感情を

引き起こす理由がわからないなど、過去の体験と自分の感情のひもづけができないことがあります。ケアマネジャーにできる家族支援の範囲は、介護によって生じた家族関係等へのアプローチです。この事例の場合には、主介護者は長男であったにせよ、本人の認知症の症状がきっかけで同居が始まりました。日常生活のことは就労していなかった長男が担っていましたが長男妻も同居していることから、日頃からかかわりの蓄積があったことが推察されます。

　なぜ、施設入所という判断をしないのか、それには長男妻が他者には開示したくない夫婦の歴史とそれにより紡がれた関係性が影響している可能性があります。長男妻は今まさに長男の役割を引き継いでいる途中で、ケアマネジャーが立ち入ってもよい範囲の質問で長男妻に問いかけることが、長男妻にとって自力では思い起こせない、無意識の領域に気づくきっかけになるかもしれません。

　その内容を長男妻がケアマネジャーに開示するか、それは重要ではありません。長男妻が自分で思考を整理することの助けになればよいのです。

　なぜケアマネジャーがそのように判断したかと言えば、初回モニタリングの長男妻の反応です。アルツハイマー型認知症への理解のためにいくつかの質問をしたとき、長男妻は本人への言動に課題があることに自覚がありました。さらに、そのことをケアマネジャーに自ら伝え、かつ高齢者虐待につながるという見立てにすら気づいていました。そのとき、ケアマネジャーは長男妻の状況認知、洞察力、自己覚知、アサーティブな会話能力、高齢者介護に対する知識等、長男妻がもつ総合的な力量を判断し、「問いかける支援」により自身で思考を整理してもらうことが長男妻には有効であろうと判断したためです。

　それだけに留意しなければならないのは、勘のよい人からは支援者

側の思考や意図が透けて見えるかもしれないことです。それだけに、話した秘密が守られること、相手の立場で考えようとしている真摯な姿勢、興味本位や価値観の押し付けが少しでも混じらないこと、それらにより信頼関係が構築されることが土台となります。

ケアマネジャーは、現在、本人が受けているデイサービス（通所介護）や福祉用具貸与の利用状況についてモニタリングしました。特に利用状況に問題はありませんでした。

続けて家族支援を意図し、長男妻へ問いかけようと思いました。

3．家族支援を意図した質問からひも解いていく

ケアマネジャーは家族の健康状態を確認する意図で「奥様は眠れていますか？」と質問しました。すると長男妻は「少し疲れてますが大丈夫です」と答えます。本人のことは教えてくれますが、自分のことになると多くを語ろうとしません。ケアマネジャーは「介護を続けていかれるうえで、奥様の健康は心配です。微力ながら何かお力になれることがあればと思っています。もしよろしければ、どのようなところにお疲れを感じるのか、差し支えない範囲で構いませんので教えていただけないでしょうか？」と頼みました。すると長男妻は、本人を介護することになってから夜間帯の仕事に転職したことを教えてくれました。ケアマネジャーとしては、本人支援と、長男妻の仕事と介護の両立支援の観点からケアプランやかかわり方を考慮する必要もあります。そこで転職の理由を尋ねました。長男妻は「日中はデイサービスを利用すれば人が見てくれる」、「夜仕事に行く前にデイサービスから帰った本人に夕食を食べさせて、着替えさせてベッドに寝かせてしまえば、朝までベッドから起き出すことはない」と言うのです。つ

まりリスクの少ない夜間帯に働いた方がよいと考えたのです。

　ケアマネジャーは長男妻のこの発言は、長男妻が「誰の、何を優先しているか」という優先順位を少し慮ることができる情報だと考えました。

長男妻の発言から読み取れる家族への思い	
本人に対して	安全に、これまでしてきた生活リズムを激変させない日常生活を送れること、必要な介護を受けることができる
孫（長男妻の子）に対して	直接発言はなかったが、自分と義母（本人）を心配して同居してくれている。就労しているわが子が疲れて帰ってきた状態で本人の介護に当たるようなことは極力ないようにしたい。本人は夜間はベッドにじっとしているし、もし何かあれば子が家にいてくれるだけでも安心である
長男妻（自身）のこと	語らない

　次にケアマネジャーは、以前の仕事を尋ねることで、経済状況や夫婦関係について確認したいという意図をもって質問しました。

　「知らなかったとはいえ、何の配慮もできないままで大変失礼いたしました。奥様のお身体が心配です。以前のお仕事は何をされていたのですか。職場や仕事の内容が変わると、それだけでも大変ですよね・・・」と自らの至らなさを謝罪しつつ、長男妻の健康を心配しながら質問したところ、長男妻は日中帯に同市内で事務の仕事をしていたことを教えてくれました。

　ケアマネジャーは、今の状況を続けると長男妻の健康に障るおそれがあるため、訪問介護でデイサービスの送り出し・迎え入れを依頼してはどうか、平日だけではなく土日もデイサービスを利用してはどうかと提案しました。しかし、それは経済的理由から受け入れられませんでした。本人の年金の額を尋ねると月3〜4万円で資産もないそうです。そして長男妻は「私は大丈夫です。昔から私が働いてこの家を支えてましたから」、「この家

も買ってね。返済も何とかやりくりしてきたんですよ」、「夫はね。ああいう人だったから働かなくて。親は大事にしたし人はいいんだけど」と言いました。

　ここからくみ取れることは、長男はがんが発覚する前から働いておらず、以前から働き手は長男妻だったこと、とはいえ長男のことは悪くは思っているわけではなく、ある種の諦めのなかで覚悟して一家を支えてきたこと、夫婦仲は悪くなかったこと、本人にも長男妻にも経済的ゆとりはないこと、働いて家を支えることは長男妻にとって職場や仕事の種類は変わろうとこれまでしてきた役割に変わりはないから心配しないでというケアマネジャーへのメッセージではないかということです。

　ここでケアマネジャーには、初回アセスメントのときからぬぐえない1つの疑問があらためて頭をよぎりました。

ケアマネジャーが感じた疑問

　初回アセスメントの際、ケアマネジャーから施設入所の申込みもできるという情報提供はしたのに「在宅しか考えていない」ときっぱりと長男妻は言います。今もこんなに大変な思いをしながら介護しているのに、施設は視野に入れていないのはなぜだろうかと疑問に思いました。

4．家族にまつわる情報と情報を統合して判断する

　初回アセスメントのときにこの疑問が生じ、その時点でケアマネジャーなりに想定されることをすべてあげようと書き出していた次のことを思い

出しました。在宅介護を選択した長男妻の理由と動機には、現在、長男妻が本人に厳しく接することと関連があるかもしれないと考えました。

施設が選択肢に入らない理由として 想定されること	在宅介護への動機
A. 施設のイメージがつかない［情報的支援の不足］	在宅介護への動機は消極的である可能性
B. 経済的な事情［経済的課題］	
C. 家族で介護するものだという価値観・家族観がある［価値観］	在宅介護への動機は積極的と言えるのか疑問。義務・責任であり愛情ではない
D. 長男との生前の約束［家族の関係］	長男への信頼を通じた責任感、在宅介護への動機は積極的である可能性
E. 約束はしていないが、長男の生前の思いをしばらくは続けてあげたい［家族の関係］	長男への愛情を通じた自分の考えに基づく行動、在宅介護への動機は積極的
F. 長男妻以外の家族の考えや価値観により施設入所を選択できない状況［家族の関係］	在宅介護への動機は消極的
G. 相続税を考慮し、同居がよいと考えた［介護以外の利得］	

　在宅介護を選択した理由は必ずしも１つとは限らないでしょう。しかし、初回モニタリングの面談を通じて少なくとも「Ｂ．経済的な事情」は該当しそうだということがわかりました。本人支援では、情報と情報を統合しながら判断していきますが、家族支援においても、本人支援同様、この例のように初回アセスメントでケアマネジャーが抱いた疑問と初回モニタリングで知った情報を統合して判断することに変わりはありません。

　明らかに異なるのは、本人支援では詳細なアセスメント項目やアセスメントシートが示されていますが、そのようなシートで家族支援の項目は一部です。そのため、家族支援のアセスメントやモニタリングの多くは記録

として残っておらず、ケアマネジャーの記憶やメモに頼ることになります。

5．家族の踏ん切りがつくまで待ち、背中を押す瞬間を見極める

　長男妻はその後2年間、在宅介護を継続しました。ケアマネジャーは訪問するたびに、本人の心身状態やサービス利用状況を確認するだけでなく、長男妻の健康と仕事、自由になる時間、孫との関係等を確認し続けました。長男妻の本人への言葉に厳しさがあることには変わりはありませんが、悪意や虐待への発展の種があるわけでもなさそうです。ただ長男妻は「自分でもどうしてこうなのかわからない」という言葉は、いつからか発しなくなっていました。本人に苦痛の表情やBPSDは生じていません。

　ケアマネジャーは、経済的理由により施設を諦めることのないよう、これまでに世帯分離による生活保護申請が認められれば、その後の介護費用負担はなくなることを説明したり、市内の特別養護老人ホーム（介護老人福祉施設）の空き情報や新設予定の情報を「ご参考までに」という枕詞をつけながら継続して情報提供してきました。それでも長男妻は、そうした手続きを進める様子はありませんでした。チャキチャキした性格と実行力がありますので、長男妻は決心した場合には行動するだろうとケアマネジャーは思っています。だからこそ、必要な情報提供は適宜行ってきました。あわせて長男妻をねぎらい承認し続けてきました。しかし、あるときケアマネジャーは「長男妻にとって必要なことは、それだけではないのではないか」と思うようになりました。つまり、<u>今している介護</u>に対するねぎらいや承認だけでなく、長男妻にとって必要なねぎらいと承認とは<u>今までしてきた介護</u>にもしなければならないのではないか、ということです。

　ケアマネジャーは長男の三回忌を迎える長男妻に対して、モニタリング訪問でしっかりと目を見て「奥様、十分にやりましたよ」と声かけをしました。翌々月、長男妻は、世帯分離、特別養護老人ホームの入所申請を行

い、ほどなく入所が決定しました。

支援者の見立て③

背中を押す瞬間を見極めるという支援

　この2年間、ケアマネジャーは内心「今回のモニタリング訪問もまた変わらない方向性を続けていていいのだろうか」と停滞したような状況にモヤモヤと逡巡することもあったに違いないでしょう。

　しかし家族が介護する動機は必ずしもケアマネジャーに語られるわけではありません。介護する動機は、その家族ごとですし、どこまで介護するかの納得や、限界点は家族によって異なります。

　家族には人生の困難に対して、その家族なりの形で、時間をかけ、行きつ戻りつしながらも、うまく適応しながら成長していく力があります（解説編第1章（P.28））。支援過程ではケアマネジャーもその渦中に埋没すると、状況はあたかも停滞しているように見えることもあるでしょう。そのようなときは、支援開始から今後まで支援過程全体を捉え、焦らず待つ、時には判断しながら待ち、機を逃さず背中を押せる瞬発力を持つことです。背中を押す一言は、一見ありふれた言葉でも、介護にまつわる出来事を家族と一緒に乗り越えてきた人からかけられる場合には時間と体験に裏付けられた重みがあります。それは相談援助職として毎月モニタリング訪問し続けているケアマネジャーであればこそできる意思決定支援であり、家族支援です。

妄想性障害のある利用者と家族が互いを攻撃している事例

統合失調症の義母を支援する長男嫁の孤独な立場と気持ちの変化に寄り添う支援

事例の特徴

- 74歳、女性、要介護1、40歳のときに統合失調症と診断され、入退院を繰り返してきた
- 長男家族と同居、夫の他界後は長男嫁が主介護者
- 「介護するのはお嫁さん」という意識が残る地域だが、本人の夫が他界するまでの主介護者は夫だった
- 妄想性障害による言動は毎日で、長男嫁が攻撃対象となっている
- 初回面談で長男嫁は本人のエピソードを訴え、勢いが止まらない
- 長男嫁は本人と目を合わせず、強く当たるのみ

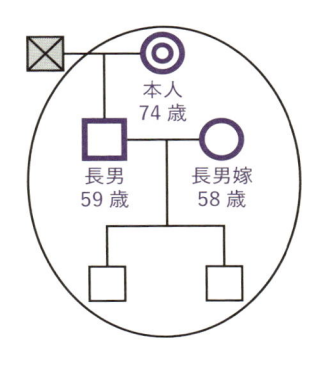

支援のいきさつ

　本人と長男夫婦は同一敷地内の別の家にそれぞれ暮らしています。本人は40歳で統合失調症と診断され、妄想の症状はありましたが、主に本人の夫が介護してきましたので長男夫婦が深くかかわることはありませんでした。ところが夫が突然他界してからは、長男嫁が主介護者の位置付けとなりました。しかし、本人には毎日のように妄想が現われ、長男嫁は攻撃のターゲットになっていました。長男嫁も本人に「何でこんなこともできないの!?」と罵倒する状況が続きました。家族は自宅での介護は限界だと判断し、サービス付き高齢者向け住宅（以下、サ高住）を探し、入居することになりました。そのタイミングで、ケアマネジャーの担当として依頼を受けました。

　なお、この事例の地域では介護はお嫁さんがするものという意識が今も残る地域で、「妻」よりも「嫁」という呼び方をする状況が多くみられます。家族支援を行ううえでは、その事例の舞台となっている地域の、家族や家族の役割を捉える意識や文化が影響します。したがって、本事例では<u>長男妻</u>ではなく<u>長男嫁</u>と記載します。

図表　事例３のファミリーライフサイクルピクチャー

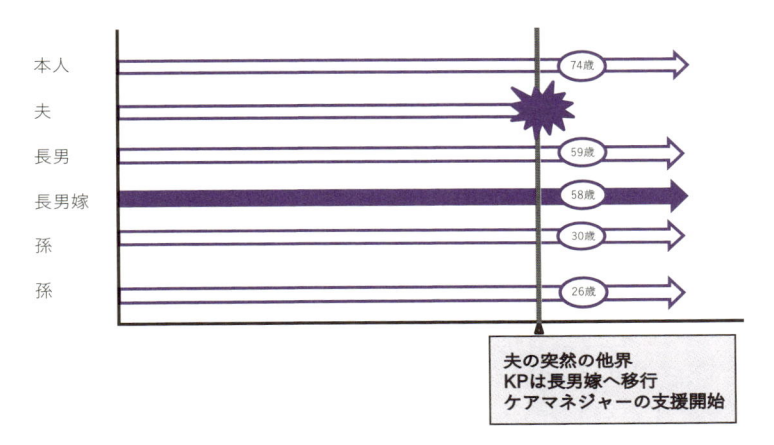

本人　　　　　　　　　　　　　　　　　　　　74歳

夫

長男　　　　　　　　　　　　　　　　　　　59歳

長男嫁　　　　　　　　　　　　　　　　　　58歳

孫　　　　　　　　　　　　　　　　　　　　30歳

孫　　　　　　　　　　　　　　　　　　　　26歳

夫の突然の他界
KPは長男嫁へ移行
ケアマネジャーの支援開始

出典：上別府圭子『家族のライフサイクルを可視化する方法』系統看護学講座.別巻[8]家族

看護学第２版,上別府圭子ほか,p.52（医学書院,2024年）を一部改変

１．サ高住に入居し、ケアマネジャーとしての担当がスタート

　本人が入居しているサ高住での初回面談です。同じテーブルにつきましたが、長男嫁は既に怒りを抑えきれない表情で本人とは全く目を合わせません。事前の情報で本人は統合失調症があり、本人と家族の関係は悪化しているとは聞いていましたが、まさかここまでとは想像していませんでした。本人にはここでの生活はどうかと話を聞いたうえで、居室に戻ってもらい、それからサ高住の職員にお願いして長男嫁と個別に面談する部屋を準備してもらいました。別室を用意してもらったのは、もし長男嫁とケアマネジャーの２人だけで話しているところを本人が見つけた場合、疎外感をもってしまうのではないかと考えたためです。

　長男嫁は堰を切ったように、本人とのこれまでのエピソードを話します。わかりやすく言い換えるなら、本人の悪口を機関銃のような勢いで話し、

ケアマネジャーが口を挟む間すら見つからないほどです。

　ケアマネジャーは、長男嫁との面談に「今すぐここから離れたい」と思うほどの心理的負担を感じました。そして今後、このケースにどうかかわるべきか、自分とケースの関係を整理し、支援方針を立てなければ支援が成立しないおそれがあり、このままでは今後の意思決定支援にも影響するだろう、とも考えました。

　そこで、関係を整理し、どのような支援を行うのか方向性を決定するため、まずは自分の経験知を頼りに考えを整理し書き出しました。

- これまでのサ高住の担当ケースでは、地域の居宅介護支援事業所のケアマネジャーとして、中立的に本人支援を中核として行ってきた。また、入居を機に家族の日常的な介護負担は軽減されているため、本人支援、チームとの協働に注力してきた
- これまでのサ高住の担当ケースの家族に関する課題をあげるとするなら、家族がいても面談に来ない、かかわりが薄い、金銭管理の役割分担等があった
- ここまで家族関係が悪化していると、今後訪れる重要な意思決定支援にも影響し本人を中心とした支援が成立しない状況となるだろう
- 今回の自分の混乱はどこにあるのか考えると、次のことがある
  - ①これまで経験したサ高住の担当ケースとは明らかに違うかかわりを求められていること
  - ②この家族は日常生活の介護から離れたにもかかわらず、今なお強いストレスを感じていること
  - ③前例のない、かつ激しく噴出する長男嫁の感情は容易には消失しないと見立てるが、それを受けとめ続けられるか自分自身の心理的、技術的力量への不安

---

④サ高住の家族支援の必要性をどう整理するのか。家族支援を行う
　なら、支援対象をどう考え、目標設定をどこに置くべきなのか
⑤家族支援を行うなら、長男嫁との面談を通じて長男嫁の強いスト
　レスの要因をひも解く必要がある

　これらを整理する段階で、ケアマネジャーとして、本人への適切な支援
に帰結することを目指した家族支援を行うこと、家族支援の対象は長男嫁
であり、面談を通じて支援をしていく、ということまで心の整理がつき、
かかわっていく覚悟ができました。

支援者の見立て①

心理的負担を感じるケースでは、通常のケースと
何が違うのか、自分とケースの関係を思考上・心
理上で客観的に整理を行い、面談でのかかわり方を
意識する

　ケアマネジャーは初回面談の状況に圧倒されていました。担当のケ
アマネジャーは主任ケアマネジャー資格も更新し、それなりに多くの
ケースを経験してきましたが、このケースにおいては、長男嫁の訴え
の激しさに「今すぐここから離れたい」という気持ちが生じるほどの
心理的負担を感じています。
　しかし、このようなときこそ相談援助のプロフェッショナルとして
自分とケースの関係を客観的に整理する必要があります。そこで、ケ
アマネジャーは自分の経験知を頼りに考えを整理し書き出し、思考上・
心理上の異変を客観視することで、面談上でのかかわり方を意識し、

再確認しました。

　この事例のように、感情的な内容が強く訴えられるケースにおいては、面談上では「感情的な内容は、感情的に受容しない」ようにすること、「受容と丸ごと抱え込むことは異なる」こと、「巻き込まれることと、引き加減の見通しをもってあえて巻き込まれておくことは異なる」こと等を見極めながらかかわることがポイントです。

2．面談ごとに続く激しい感情の噴出

　翌月以降のモニタリングでも長男嫁の状況は変わりませんでした。変わったのはケアマネジャーのかかわり方です。初回面談を終えた後に、相談援助職として自分の迷いや思考に基づき、長男嫁に対する自分の態度を整理したからです。長男嫁には支援対象としてかかわり、強いストレスの要因を探り、今後の見立て、支援方針を立てることとしました。

　現時点で、この家族の状況についてケアマネジャーは次のように考えていました。

- どうやら長男嫁は、本人の攻撃の言葉が統合失調症の妄想によるものという疾患の理解ができないまま真に受けているようだ
- 同一敷地内に30年も暮らしていたのに疾患の理解もなく、想像と実生活とのズレで家族は長年苦しんできたのではないか
- 介護による家族関係のもつれは、発生してから年月が長いほど修復に時間がかかるだろう

支援者の見立て②

疾患理解があって初めて家族を理解するスタート地点に立てる

　ケアマネジャーが一般に対応する疾患は要介護の原因疾患や高齢者に多くある慢性疾患です。この事例の家族支援に踏み込むには、統合失調症の基礎理解は欠かせません。疾患理解があって初めて長男嫁を理解するスタート地点に立てるでしょう。そして長男嫁は何に苦しんで、ケアマネジャーとして何がサポートできるのかを考えることができます。

　一般に対応する要介護高齢者の事例では介護の発生から何十年も経過していることはほとんどありません。しかし、精神疾患の場合には発症からの経過が長い場合がありますので、それによって家族の役割、関係性が深く刻まれており、単なるサービス利用や、ちょっとした言葉かけだけで緩むとは限りません。したがって、このようなケースを担当するケアマネジャーには、統合失調症等の精神疾患の特性を理解したうえで、ケースに一歩も二歩も歩み寄る気持ちが大切です。

3．家族のアセスメントを行う

　ケアマネジャーとして長男嫁を支援するに当たり必要だと思うアセスメントを行いました。どの項目もダイレクトに聞かず、雑談の中から少しずつ聞いていくように心がける内容の質問です。

長男嫁へのアセスメント項目	長男嫁の回答とアセスメント結果
①家族（長男嫁）から見た本人との関係性	到底、理解不能なおかしなことを発言し、自分を攻撃する人
②家族（長男嫁）の理解者の存在（周囲に承認してくれる存在はいるのか）	嫁が介護するのは当たり前の地域。親族の中にも相談できる人はいなかった。妄想が主な介護負担であるため、世間体もあり家族以外には言いづらかった
③家族の中で最も信頼する人	長男。長男も状況を理解すればこそ長男嫁の介護ではなくサ高住を選択した
④家族（長男嫁）の疾患に対する理解と理解する力量	疾患に関する説明を受けたことはなかった。同居し、おかしな発言を聞き続け、さらに攻撃対象となっていた。本人の本心から出る言葉だと思い込み傷ついていた。 今後は専門職がかかわり疾患の理解を深める必要がある。本人には障害で生きづらさがあることを知ってもらう。深い知識でなく特徴を捉えるだけでもよい
⑤家族（長男嫁）のストレングス	本人との関係は極度に悪化しているが、モニタリング面談にはサ高住まで足を運ぶ主介護者しての責任感が強い。感情を吐露しても大丈夫だと判断した相手にストレスと感じた本人のエピソードを話すことができている。 一方で、毎月の通院介助なども責任感から行うが苦痛を伴うことが心配される
⑥家族（長男嫁）の精神的、心理的な力量	傷つき怒りながらもこれまで家族という関係は継続できた。本人の攻撃に対して反論できている。 今後は疾患理解とともにどのような変化が生じるか、生じる余地があるのか、かかわりのなかで見極めていく
⑦家族（長男嫁）は周囲の意見をどの程度受け入れるか	現状は、感情を吐露する段階である。ある程度落ち着いた段階で専門職の話がどこまで頭に入っていくかは今後のかかわりのなかで見極めていく

支援者の見立て③

感情的に訴えてきた家族の勢いにすくみ、支援者が相手を知ることに距離を置いてしまうとケースを把握することにつながらない

　この事例では、当初から長男嫁の話したいことだけが吐露されるという状況のなかで、本人支援を中心として行う立場であるケアマネジャーが、家族（長男嫁）に確認すること、伝えたいことをどう整理し、伝えていくかは困難を極めます。何よりも感情的に訴えてくる家族の勢いに、支援者は相手を知ることに心理的距離を置いてしまいたくなることさえあります。しかし、それはその人やケースを把握し理解することにつながりません。支援者が常に感情的ではなく、客観的かつ冷静でいることが求められます。

　また、情報収集に努めようとしても、長男嫁の一方的な説明から聞くため、この情報を正しい情報だと誤認してしまうおそれもあることを踏まえつつ、面談を進めなければなりません。本人に対してネガティブな感情しか抱いていない長男嫁には、モニタリング、診察の同席等の日程調整連絡でも丁寧な対応を心がけましょう。要件の前には必ず枕詞を使うなど、関係性を構築するまでの過程にはケアマネジャーとして努めて慎重に対応することも大切です。

4．支援方針、支援目標、支援内容を整理する

　ケアマネジャーは、実施したアセスメントを基に長男嫁の支援方針、目標、支援内容を整理することにしました。

　ケアマネジャーは、自分がこれから長男嫁に対して行う支援の方向性や、何を行おうとしているのか、について整理することを目的に考えをメモとして書き出しました。そのため下記の内容は、関係者はもとより家族に配布するものではありません。

支援方針	• 支援対象を長男嫁とし、長男嫁のストレスによる苦痛が低減し、本人との関係性が改善するようケアチームで役割分担して支援する • 支援段階に応じて、受容の時期、教育的支援の時期、本目的による家族支援を終了する段階を見極める
目標	• 長男嫁のストレスによる苦痛が低減する［12カ月］ • 本人と長男嫁の関係が改善する［24カ月］

ケアマネジャーが感じた疑問

　ケアマネジャーはこのとき、ケアマネジャーができる家族支援の手段や道具的サポートとは何だろうかと考えました。

　本人支援で活用するサービスを使うだけでは、長男嫁のストレスによる苦痛の低減や、本人との関係性を改善させることはできないと思いました。

　そこで、ケアマネジャーは多職種と協働しつつ、「長男嫁のストレスによる苦痛が低減する」という目標に対して相談援助技術を駆使して次の支援を行うことにしました。

目標	長男嫁のストレスによる苦痛が低減する［12カ月］
支援内容	モニタリング面談での個別面談（20分）［情緒的支援・手段的支援/12カ月］
	通院同行［情緒的支援・手段的支援/6カ月］
	医療者や多職種による疾患や障害に関する情報提供と相談［情緒的支援・情報的支援/6カ月］

※この表は家族には配布しません。

　サ高住の相談員にも、長男嫁にどのようにかかわるか、また本人の妄想の中から出てくる問いに対して、適切に対応していただけるように意図的に連携しました。長男嫁に対する「本人の妄想への対応」の助言をお願いしましたが、これも相談員との関係性があって成立することです。

家族支援のアプローチ

家族支援の手段となる情緒的支援、情報的支援、手段的支援

　ケアマネジャーが行う本人支援では、介護保険制度、医療保険、障害福祉サービスや要介護高齢者を対象とした民間サービス等のサービス活用ができます。他方、ケアマネジャーが家族支援を行うときの手段、道具には何があるのでしょうか。すぐに行えるのは面談です。相談援助技術を駆使して家族に起きている状況をひも解きながら、家族を承認し、ねぎらいつつ情緒的支援を行う、または必要な情報を提供する情報的支援、具体的支援として手段的支援を行うことができます。

　このケースでは、数十年にわたり疾患の理解も不十分ななかで蓄積してきた介護負担とストレスが今ようやく理解者となりえるケアマネジャーに向けてあふれ出しています。傾聴し、してきたことを承認し

続ける情緒的支援、統合失調症疾患の特徴や患者の生きづらさの理解を促す情報的支援ができます。

　このような支援は必ずしもケアマネジャーだけで行うのではありません。このケースの場合には、ケアチームであるサ高住や本人にかかわる主治医、訪問看護、訪問介護と連携し、誰が、どのタイミングで何を伝えるのがよいか考慮して支援することができます。ケアマネジャーはそれをマネジメントします。

5．長男嫁の変化

　ケアマネジャーは、設定した支援方針、目標、支援内容に基づいてチームでかかわり、相談援助技術も活用しながら、長男嫁の承認を続けてきました。すると7カ月を過ぎた頃から変化が生じ始めました。長男嫁は、初めて本人の悪口以外のことを話し始めたのです。自分自身の介護に関係のない話を教えてくれました。本人の状況は、睡眠や体調により妄想が出現し、長男嫁の姿を見れば攻撃することに変わりはありません。

　サ高住入居後8カ月が経過する時点では、「私が責められているとばかり思っていた」、「診察で病気の話をさらに詳しく聞いて驚いた」、「診察に付き添っているときに、本人からいつもありがとうと言われた」、「何だか私の理解が浅かったと感じた」と本人を 慮 る長男嫁の思いが聞かれるようになりました。

　また「お父さん（本人の夫）が生きていたときにもっと話を聞いておけばよかった」という発言がありました。この言葉には複数の意味があると捉えました。表層的には本人の理解を深め介護する方法を知りたかったということ、より深い気持ちには亡き義父が嫁に苦労させまいと介護させなかった理由に今やっと気づいたということ、亡き義父に対する感謝と、義

母の介護というバトンを受け取った長男嫁としての覚悟です。

　入居後1年が経過する時点では、面談の際に長男嫁が本人にお菓子を持参し、本人と目を合わせて会話をしていました。そして本人への肯定的な発言が聞かれるように変化しました。

　本人の障害や生きづらさを理解し、さらに自分が嫁としてできることを探し始めたことの表れであるとケアマネジャーは理解しました。

　ケアマネジャーの当初の見立てよりも早く変化は訪れました。初回面談の際、もしかかわるとしても少しの変化に1年、長男嫁と本人の関係性の変化には2年かかるという覚悟をもっていました。初回面談で長男嫁のあまりの勢いに圧倒され「今すぐここから離れたい」という感情を抱いたことも確かです。しかし、本人支援に到達するために、長男嫁への支援は必要であると判断し根気強くかかわってきてよかったと感じました。

家族支援のアプローチ

ケアマネジャーは誰の味方なのか

　介護保険制度上、介護支援専門員（ケアマネジャー）の支援対象は被保険者である要介護者等です。実際のケアマネジメント実践でもそれが原則ですが、この事例のように、ときには家族支援に注力しなければ本人支援が成立しないことがあります。そのようなケース、あるいは段階ではケアマネジャーがどのような立ち位置にいて、誰の方を見ているか、つまり誰の味方なのかを支援対象者の立場に立って考え、ケアマネジャーのとる行動を工夫することも大切です。

　このケースの介入初期では、ケアマネジャーが本人支援だけに注力

した結果、長男嫁がケアマネジャーのことを自分の悪口を言って攻撃する、本人だけの味方をする人と認識すれば、心を開いてくれないでしょう。中立的であるか、状況により長男嫁の味方だと長男嫁に認識してもらうような、かかわりが必要な時期もありました。それは、かかわりの初期段階の、長男嫁に怒りの感情が噴出し、感情を吐き出さなければ本人のことを考える余地がなかったときです。そのためケアマネジャーは、初期段階では長男嫁に注力することが結果として本人支援になると予測しました。ではこの状態をずっと継続してよいかというとそうではありません。段階を見極める必要があります。長男嫁のストレスが低減され感情が穏やかになり、本人のことを慮るゆとりができた段階では、誰の味方なのかをどう表現していくかを考える時期と言えるでしょう。

家族が介護サービスを受け入れない事例

未婚・男性介護者の自己流介護の意図をくみ取りながらの支援

事例の特徴

- 本人は98歳、男性、要介護4、高血圧で内服し体調は安定、機能している右耳は補聴器使用も難聴
- 直前のことを忘れる。認知症の診断はないが、長谷川式16点
- 同居の長男は66歳、未婚、55歳でリストラ
- 長男には「家族のためにがんばってきた父を長男として責任をもって介護したい」という固い意志がある
- 世帯として資産があり経済的にゆとりがある
- 親子関係、兄弟関係は良好

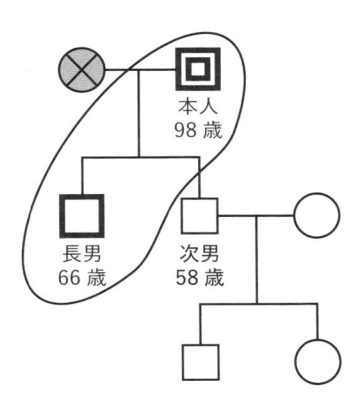

支援のいきさつ

　本人は大正生まれで厳格な性格、地域貢献への意識も高く、入院直前まで地域ボランティア活動を継続してきました。右足を骨折して入院、手術を受け、要介護４の認定を受けました。リハビリのかいあって、カート歩行だったのが見守りレベルまで回復し、退院することとなりました。そして、長男からケアマネジャーに相談が入りました。

1. 「自分で父親をみる」と意志の固い長男のサービス拒否

　長男はこの時点で既に退職（リストラ）してから数年が経過しており、長男が中心となって介護する意向を示していました。ケアマネジャーは、在宅生活の生活機能を高める大切な時期なので通所リハビリテーション等のサービスを提案しました。すると長男は「父のことは私がみます」ときっぱりと言いました。ケアマネジャーは、改めてこの時期のリハビリテーションの必要性を伝えましたが「病院の医師やリハ職からも勧められたけど、家でのリハビリは自分たちでもできるから」とあっさり断られました。このまま今日の面談を進めても平行線で長男の考えが変わるとは思えません。そればかりか長男から見ると、ケアマネジャーがサービス利用を押し付けていると捉えられかねません。信頼関係が構築できなければ、今後長きにわたる支援関係に影響すると考え、今日はこれ以上サービスの話をするのはやめようと判断しました。

　本人は左耳が聞こえません。右耳は補聴器をして耳元で話してもあまり聞こえないほどの極度の難聴です。特に慣れない人との会話はなかなか通じません。また、話していても直前のことを忘れています。

　長男は、そのような父を守らねばという意識が強いのか、前面にでている印象を受けます。長男は口数が少なく、必要なことだけ、短く答えます。ケアマネジャーが何とか会話を展開しようとするのですが、立ち入ったこ

とは話してくれません。このような流れから、ケアマネジャーはこのままではいけないと思いつつ、初回のケアプランは、福祉用具（貸与・購入）だけとなりました。

　ケアマネジャーは、これから数カ月の初期段階のかかわりはとても重要で、自分の相談援助技術が問われるという思いを新たにしました。

支援者の見立て①

サービスを拒む状況からどのようなことが考えられるか

　ケアマネジャーはサービスを拒む事例において、どのようなことを考えなければならないのでしょうか。

　大きく次のことに分けることができると思います。

①拒むことによって利用者にどのようなリスクが生じるか

②サービスを拒む理由は何か

　この事例では、どのようなことが考えられるでしょうか。

　①については、自己流のリハビリによって在宅復帰後に機能低下するのではないか、ということが危惧されます。

　本人は骨折後、リハビリ病院でリハビリテーションを積み重ねてきました。その努力が、在宅復帰後に自己流のリハビリによって機能低下するのではないかという危惧があります。もし、機能低下すれば本人にとってつらいことであり、介護者である長男にとっても日常生活上の介護量・介護負担は増加するでしょう。最も避けたいリスクは、再転倒・再骨折です。今回の入院理由が骨折だったのですから、何と

かそれを避けなければならないのです。

　②については、長男は抱え込むタイプなのではないか、ということが考えられます。

　初回面談での長男は口数が少なく、ケアマネジャーとしては、長男が何を考えているのかわかりませんでした。そのような中ではありつつも、長男がなぜサービスの提案を受け入れなかったのか、想定されるできるだけ多くの理由を類推することが大切です。例えば次のようなことが考えられるでしょう。

・専門職であれ他人が家のことにかかわることを受け入れない
・長男の本人に対する思い入れが強くなんでもしてあげたい
・親の介護を行うのは長男の責任であるという考えでいる
・病院医療以外のことは、家族でも対応できるという認識がある
・ケアマネジャーへの信頼がないため警戒している
・ケアマネジャーが類推できる範囲を超えた別の理由が存在する

　いずれにせよ、適切にサービスを導入するためには、本人はもとより長男との信頼関係の構築が欠かせません。

2．ケアマネジャーは何をする人なのか、家族に何を求めたいのか、役割の説明不足

　初回面談、ケアプランの交付から日を置かずモニタリング訪問しました。訪問の目的は、①福祉用具（特殊寝台貸与、手すり、シャワーチェア）の適合状況の確認、②本人が長男からどのような介護を受けながら生活しているのかの実態把握、③長男とのかかわりをもちながら信頼関係をつくっていくことです。

　3つの目的はどれも長男の協力なくしてはできません。長男とのやりとりが初回面談と同じような状況になり、長男が何も話してくれないことを危惧しました。そこでケアマネジャーは自身の役割を伝え、長男にお願いすることにしました。「ケアマネジャーとして、お父様のこれからの健康、介護や生活のことをご長男様と一緒に考えさせてほしいと思っています。そのためにお父様がどのように生活されているのかを教えていただけないでしょうか」そう伝えると、長男は初回面談よりも話をしてくれるようになりました。

　思い返せば初回面談でケアマネジャーは自分の役割は少し話したものの、本人の生活や家族の考えを教えてほしいというような長男に対する「協力依頼」を言語化して伝えていませんでした。つまり、長男が非協力的だったのではなく、ケアマネジャーが、自身は何をする人なのか、そしてどのようなことを相談してよいのかの説明が足りていなかったこと、そして本人の介護に当たっては、長男の協力が欠かせないことを十分に伝えられていなかったことに気づきました。

3．長男の不快、不安を誘発しないモニタリング、アセスメントの深掘り

　初回アセスメントでの情報収集の不足により、初回モニタリングを兼ねて再度、面談を行っています。

　本人は1人で移動することは難しいため、日常の介護で最も頻度が高いのはトイレ介助、負担が重いのは入浴介助です。トイレは定時で長男が声をかけているほか、本人が動き始めたら長男が介護しています。本人は備え付けの手すりを使わずに動作をショートカットするため、ケアマネジャーは転倒のリスクがあると判断しました。

　食事は、長男はこれまでも料理をしてこなかったため、総菜を購入しています。総菜は常時5種類、それを少しずつ分けて本人と一緒に食べてい

139

ます。栄養、彩りともにバランスがよいです。そこからケアマネジャーは長男が本人の健康や楽しみを考えていることがわかりました。長男が「父のことは私がみます」と言い切った言葉どおり、責任を果たそうとしている姿に対して「素晴らしいですね」と心をこめて承認しました。極度の難聴である本人に会話の内容は聞こえていないと思いますが、そばで長男とケアマネジャーの対話を穏やかな表情で見ていました。

　このモニタリング面談を通して、長男が福祉用具以外の介護保険サービスを拒む理由は、訪問や通所の時間に合わせて動かなければならなくなり、長男のペースが乱れるから、ということがわかりました。再び通所リハビリテーションの話はしましたが、長男の考えは変わりませんでした。

支援者の見立て②

その家族にとって、起き得るマイナスの感情を想
定しながら進める相談援助技術が問われる

　ケアマネジャーとしてのモニタリングにおいて、サービスの利用状況の確認は当然です。このケースでのモニタリングの特徴は、福祉用具しか利用していないため、家族の介護により本人が日常生活をどのように送っているのか確認する必要性が高く、介護方法の適切さ（危険な動作がないか、繰り返し行うことで機能低下を招く行為がないか）、家族の疲労度、家族関係の変化、虐待の芽が生じていないかなどを福祉用具専門相談員とも協力しながらケアマネジャーが確認することです。つまり、現在の生活、長男の介護関与を積み重ねることによって生じる中長期的な生活の将来予測です。そのため、予測の基盤となる今の生活の詳細情報が必要であり、それは長男の協力なくしては成

立しません。ケアマネジャーが長男とどのようなプロセスをたどって信頼関係を構築できるかが鍵となります。

　初回面談時の長男の様子から危惧されるのは、まだ十分な信頼関係もないまま細かな暮らしぶりまで尋ねることで、ケアマネジャーのかかわりを長男から不快に感じてしまわれることです。このような面談場面では、信頼関係がなく、相手（利用者・家族）の価値観も見えない段階で、不快・不安を誘発しないようにするかかわりの難しさがあります。だからこそ、ケアマネジャーは自身の役割の説明とともに「ご長男様とお父様のことを一緒に考えさせてほしい」と率直に伝えました。

　また、生活の細部まで確認するときにケアマネジャーが気をつけたことがありました。（ジェンダー問題に触れることの良し悪しとは別に）長男がこれまでの人生でしてこなかった家事の様子を、女性ケアマネジャーの自分に質問されることで生じる感情についてです。もしかすると「女性（ケアマネジャー）から見たら粗末と思われるかもしれない」と気が引けるかもしれません。実際に、食事はすべてスーパーの総菜でした。総菜が悪いわけではありません。しかし、ケアマネジャーは、長男が「自分がみます」と言い切ったことにより、これまでに長男が経験しなかった家事の話を話題に出すことで気後れする可能性があるかもしれないことを面談の進行と同時に気づいて、<u>マイナスの感情</u>に配慮していました。あくまで一例でしたが、たとえ生じる可能性が低いとしても信頼関係が構築されていない段階でのマイナスの感情は、万一生じれば関係が崩壊しかねません。相談援助におけるリスク管理と言えます。このケースでは、面談の進行中にこのようなことも考えつつ対話を重ねていきました。

4．長男がしている介護のアセスメントから見えてきた独特の介護

　長男がしている介護を確認すると、明らかに間違えている方法や命にかかわるものはありませんでした。定期通院にも付き添っていました。しかし、本人にとって窮屈であったり、トラブルになる可能性のある介護が見えてきました。①食事、②夜間の排せつ（おむつ使用）、③入浴です。

①食事

　食事内容は5種類の総菜の内容が変更されることはなく、常に同じメニューに固定されていました。これは栄養バランスはよく、彩りにも気を遣ってのことですので、ケアマネジャーからは何も言いませんでした。

②夜間の排せつ（おむつ使用）

　長男は本人の就寝時、布団の汚染予防のためにパットとリハビリパンツの上からおむつを当てています。さらにその上に大きなサイズのおむつをもう1枚当てて、グルグル巻き状態です。ベッドにはビニールシートも敷いています。絶対に漏れないよう完全防備です。ケアマネジャーは、これでは本人は動きづらくて寝返りの回数が減ったり、陰部が蒸れて皮膚トラブルを起こすおそれがあると思いました。そこで、おむつの当て方を提案しましたが「父は大丈夫だから。自分もこれがいいから」と長男が耳を傾ける様子は全くありませんでした。本人は若い頃から痛みなどに強く、訴えるタイプではないようです。

③入浴

　長男は本人の体をきれいにするため、毎朝本人をお風呂に入れています。98歳という年齢から毎日のお風呂は皮膚乾燥や負担につながるのではないかと懸念しました。

ケアマネジャーが感じた疑問

　ケアマネジャーはこのとき、長男がしていることは明らかな間違いではないにせよ、どうしてこのような独特な介助方法なのだろうかと不思議に思いました。

5．長男がしている介護の根拠や原動力を知る

　ケアマネジャーは長男との対話を繰り返すなかで、独特な介護があることに気づきつつも否定しないようにしました。むしろ、長男がどのような考えに基づいてその判断に至っているのかに関心をもちました。それを知りたくても長男に介助方法の根拠を根ほり葉ほり聞ける雰囲気はまだありません。

　「介護サービスは導入せず自分がみる」と言っている以上、長男の介護の考え方や介助方法によって、本人の生活の質や今後の健康状態は少なからず影響を受けていきます。ケアマネジャーとしては、何とかして長男がケアマネジャーに話したり、相談してくれたりする信頼関係をつくる、それもできるだけ時間を置かず早期に、と考えました。

　そこでケアマネジャーは、モニタリングごとに、長男の意向や介護の方法を教えてもらっては受け入れ、その方法で行ってみてどうだったかを一緒に振り返るようにしました。

　寡黙で必要なことだけ短く話していた長男が、次第に多くを話すようになり、モニタリングではじっくり時間を取るほどに変化していきました。

　ケアマネジャーは本人に長男像を聞きました。「息子さんって、お父さま

から見たらどんなお子さんですか？」と聞くと、本人は「真面目な子、真面目すぎる」と答えてくれました。

　続いて、長男から見た本人像について、直接長男に聞いてみました。すると、父親は大正生まれで厳格で、長男の子ども時代からしつけにも厳しかったこと、転倒・骨折し入院するまでは地域のボランティア活動にも参加しており、長男にとって尊敬する人だということがわかりました。母親は優しい人でしたが、長男が小学生の頃に他界したそうです。それだけに子どもの頃、父親がご飯を一緒に食べてくれたことが今でも忘れられないそうです。厳格ながら、ひとり親で自分たち兄弟を育ててくれたことへの感謝、地域に対しても誠実であったことへの尊敬の念、そうしたことが今の長男の介護に対する原動力になっているのでないかと気づきました。長男から「父を大切に思っている」という言葉が語られました。

支援者の見立て③

長男の性格と長男が抱く父親像が、独特の介助方法に影響している可能性

　長男は父親のことについて、多くのことを教えてくれました。そして最後には「父を大切に思っている」という言葉が聞かれました。それだけに、排せつの失敗は長男にとって単に自分の介護の手間が増えるという理由だけではないと考えました。威厳ある父、大切な父に失敗させてはならない、失敗する父を見たくないという意識からあのような介助方法があるのではないでしょうか。毎朝入浴させるのは、地域活動を骨折直前まで続けてきたので、もし近隣住民が訪ねて来たときには誰が見てもきれいでいられるようにという気遣いもあるのでは

ないかと、このときケアマネジャーは類推しました。

6．長男のストレングスに目を向ける

　ケアマネジャーが主任ケアマネジャーに相談したところ、「長男がしている独特の介護のうち、あなたがすごいなと思うところはどこ？」と聞かれました。考えてみると、次のことが浮かびました。

- 食事は常に絶やさず、自分にできることをしていること。目にも鮮やかになるように5色がそろうようにしていること。朝ご飯も省かないこと
- 毎朝自宅で入浴介助している。本人は自分で一部できるが、洗身、浴槽のまたぎなど、決して簡単な介護ではないし体力も必要。それでも毎日継続していること
- 長男として本人の健康を気遣っていること

　ケアマネジャーは、長男のストレングスに目を向けると、今まで以上に長男の本人を大切に思う気持ちが鮮明に理解できる気がしてきました。一方で、まるで仕事かのように長男がストイックに自分がよいと思う方法で一生懸命に介護をしているようだとも思いました。もし今後、本人が転倒・骨折したり、状態が悪化したら、真面目な性格の長男は自分の努力が足りなかったと自分を責めるかもしれないと思いました。また、本人が重度化すれば長男の介護負担も重くなります。長男は介護から手を抜かない人です。ケアマネジャーは今まで以上に、本人の生活機能を向上、維持していく必要があると考えました。

　そして本人は真面目な長男が会社をリストラされた後、自分の介護を、

長男は自身の務めと考え、一生懸命してくれていることをわかってそのまま受け入れていたのだろうと気づきました。本人から見れば、息子としての役割を果たすという経験を通じて、息子が人生の成長、発達という段階を上がっていることを喜ばしく感じていたかもしれません。

　このような側面から事例を見つめることなく、介護の専門職として、これが正しい、これがよいという価値観に基づいて通所リハビリテーションを提案しても、長男や本人に受け入れられないと気がつきました。そして、このような家族の関係性、そこに生じる感情を理解したうえで、専門職として本人とこの家族の生活の将来予測をすることがケアマネジャーの家族も含めた本人支援なのだと気づきました。

家族支援のアプローチ

家族のストレングスに目を向ける。面談ではねぎらい、介護者の健康や立場に気配りすること

　この事例のケアマネジャーは、生活の詳細を聞き取る前にしていたことが他にもありました。モニタリングでは、まず長男の体調に気配りし「ご長男様の体調はお変わりありませんか。お疲れではないですか」と声をかけるようにしました。どのようなケースでも疲れが蓄積し、精神的、身体的な負担はかかってきます。ましてやこのケースでは、介護保険サービスの利用を提案するケアマネジャーに長男は自ら「自分がみる」、「家族でできる」と断言しただけに、本当は疲れを感じていても、弱音を吐きづらいかもしれません。あるいは、ケアマネジャーは要介護高齢者の支援の担当者だと理解していれば、家族の担当ではないという家族側の認識から、一層、自分たちのことを開示し

てくれない可能性もあります。

　モニタリングでは毎回、家族が精一杯介護していることをねぎらうことが大切です。ねぎらうときには「頑張られていますね」、「よくなさっていますね」といった抽象的な表現ではなく、その人がいつもしている介護の詳細のうち努力していること、苦労していること、うまくいったこと等に着目して「○○をされているとは、本当によくなさっていますね」など具体的行為を指してねぎらうのがよいでしょう。

　家族へのねぎらい、気遣いにより、家族自身が自分のことや、見ている世界も語ってくれるようになっていきます。そして次第に心を開いて、ケアマネジャーの提案にも耳を傾けてくれるようになるかもしれません。

7．長男が捉える本人像と現実の違い

　長男は本人がトイレに行こうとすれば「準備するからちょっと待っててね」と言いますが、本人は数秒すると動き始めます。長男はこのことについて「ボケてないのにすぐ忘れる」とケアマネジャーにつぶやきます。ケアマネジャーは1つの可能性が頭をよぎりました。医師からどのような説明を受けているか確認すると、長谷川式は16点ですが、認知症という言葉は聞いていないそうです。左耳は全く聞こえず右耳は補聴器を装着してもほとんど聞こえない状態です。コミュニケーションの難しさや年齢相応の物忘れもあると思います。しかし、ケアマネジャーから見ると、長男が捉える現在の本人像は、過去からの父の威厳を保った状態の影響を受けているのか、本人の実態よりもしっかりと捉えているように見えます。本人像の認識で家族と専門職との間に乖離があるのではないか、そのことがサービス導入の必要性を阻む理由の1つになっている可能性もあると考えまし

た。

　また今後、起き得ることについてケアマネジャーから説明しても認識してくれません。長男は誰の言うことなら、すんなりと耳に入れてくれるのでしょうか。内科、皮膚科、整形外科の定期通院に長男はきっちりと通院介助し、診察室にも同席しています。真面目な性格もあいまって医療者から指示されたこと（次の通院日や服薬指導）はきっちりと守っています。医療への信頼も厚いと思えます。そこでケアマネジャーは主治医から現状、予後予測を再度説明し、サービス利用を勧めてもらうのがよいのではないかと考えました。

　病院に連絡し、看護師を通じて主治医に現状を報告し、次回通院では再度の現状、予後予測の説明、通所リハビリテーション利用の指示をお願いできないか相談しました。

　結果として、この取組みは功を奏しました。ケアマネジャー以外の専門職であり、長男の信頼も厚い医療の専門職である主治医から長男へサービス利用の後押しがあり、訪問看護の導入につなげることができました。

支援者の見立て④

提案するときに、誰からどのように伝えると最も効果的なのかを考える

　サービス導入の支援はケアマネジャーだけが行うものではありません。特に医療系サービスは制度上、医師の指示に基づくサービスです。ケアマネジャーが行うケアマネジメントとは何でしょうか。考えてみると、ケアマネジャーはケースの輪の中に入ることもあれば、輪から一旦離れ、ケースとケースに起きている課題や互いの葛藤等を俯瞰し

て見るように心がけてマネジメントすることもあります。誰に、どのタイミングで、どの順番で、何を、どのようにお願いするかによってケースの動き、本人の状況は変化するのです。

通所リハビリテーションではなく、訪問看護になった理由は次のことからです。

機能低下を防げるようなサービスである、理学療法士のリハビリを受ける方法には通所リハビリテーション、訪問リハビリテーション、訪問看護がありますが、長男の独特の介護から生じる皮膚トラブルや、本人の100歳近い年齢から自覚症状が薄く、訴えのない状態変化が生じる可能性もあります。

また、通所リハビリテーションの提案では、「自分でみる」と言い切っている長男は、本人が家から出てケアを受けることに多少なりとも不満を感じるかもしれないと思いました。そこでリハビリの導入はまずは訪問系とし、訪問リハビリテーションではなく訪問看護を提案しました。そうすれば制度上の規定から、理学療法士だけでなく自動的に訪問看護師の訪問も行われるからです。また同時に本人の全身、心身状態を経時的に確認し、長男の相談者を増やす意図もありました。

支援者の見立て⑤

ケアマネジャーが行うサービスの見立て

ケアマネジャーが行う見立てとは、本人と家族の生活の将来予測という観点と、それを踏まえてどのサービスを提案す

> るのが、家族も含めてケースにとってスムーズであり過不足ないかという観点があります。
>
> 　この事例においては、ケアマネジャーが長男の思いに寄り添い、気持ちを尊重したことで、訪問看護という必要なサービスの導入にスムーズにつながったと言えるでしょう。

　長男による独特な介護は、その長男の立場から見た理由によって行っていたり、長男が行っている全体の介助方法のなかでバランスをとっていることが時間経過とともにわかりました。おむつをグルグル巻きにすることは蒸れるかもしれませんが、翌朝には入浴し清潔を保っているから大きな皮膚トラブルは生じていません。長男の介護負担として毎朝入浴介助は大変かもしれませんが、朝まで長男は眠れていますし、慣れない家事（洗濯やシーツ交換）も最小限にとどめることができています。近所の人が突然やってきても本人はいつも清潔な服に着替え、臭いもありません。ケアマネジャーはもう憂えることなく、それでよいと思えるようになりました。初期の面談の頃は、否定しないように、共感し、受け入れて、という相談援助職として自己制御しながら承認していました。しかし、今は本当に長男の独特の介護を受け入れたと思えるようになっていました。

家族に精神疾患の疑いがあり共依存になっている事例

ケアマネジャーが葛藤を感じながらも、受診勧奨に応じない長女へ行った粘り強い支援

事例の特徴

- 96歳、女性、要介護4、長女と2人暮らし
- 長女には精神疾患が疑われ、受診勧奨するも未受診・未診断
- 本人、長女とも常に互いの存在を必要としている
- 長女は自分の悩みごとがあると時間帯かまわずケアマネジャーに電話し、話し続ける
- 虐待、カスタマーハラスメント等の決定的な問題はなく居宅介護支援以外の長女にかかわる支援機関が見つからない

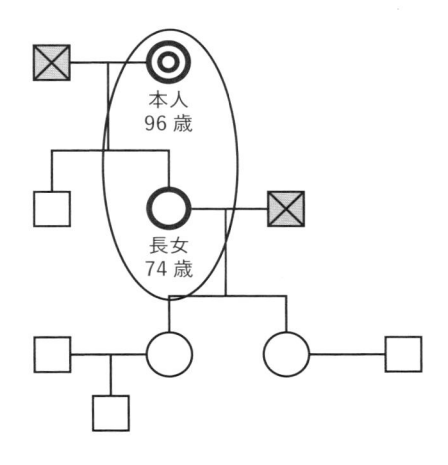

支援のいきさつ

　前任ケアマネジャーの退職に伴い引き継いだ事例です。本人は、96歳、要介護4、夫は10年前に他界して現在は長女と2人暮らしです。

　本人の成育歴は、化粧品問屋の長女として生まれ、和裁、お花、お茶を習って23歳で結婚、長女を授かりました。本人の子どもは2人です。専業主婦でしたが、裁縫が得意でワンピースを作ったり、知人などから古い洋服のお直しを頼まれることがありました。

　高齢になりアルツハイマー型認知症、骨粗鬆症の診断を受け、訪問診療で医学的管理を、生活面では介護保険サービスのうちデイサービス（通所介護）、ショートステイ（短期入所生活介護）、福祉用具貸与を利用しています。日常の家事と本人の介護は長女が担っています。長女が主介護者でありキーパーソンです。

1．長女に精神疾患の疑いあり。母子が相互に依存している状況

　長女は「知らない男の人が家の周りをうろうろしている」と事実とは異なる発言を繰り返します。長女には子どもが2人いますが、子どもたちは長女とは距離を置いています。例えば長女が電話やメールをしてもほとんど返事をしないし、返事をしてもかなり時間をおいてからのようです。すると長女は「電話やメールをしたら、普通すぐに返信しますよね」、「親が連絡したら子どもは返事をして当たり前ですよね」とケアマネジャーに同意を求めて執拗に繰り返します。長女はひとたび不満や不安を感じるとそこから思考の転換ができなくなり、本人の介護さえおろそかになります。長女は「（子どもは相手にしてくれないけど）SNSでつながっている人からは、すぐに返事があるし、話を聞いてくれるから癒やされる」と言い、SNSに夢中です。

　長女が本人にしている介護には、食事の用意、トイレ介助、洗髪、一緒

に買い物に行く外出支援等があります。家事全般は長女がしており、長女がつつがなく家事を実行することは、本人が清潔かつ安全な環境で生活できる基盤となっています。

長女は本人とのかかわりのなかで「トイレばっかり」という言葉をよく発しますが、本人はそれくらいよく水を飲みトイレにも行きます。しかし、長女は面倒くさがるわけではありません。

本人と長女の関係については、本人は、長女が家事をしたりトイレに立って姿が見えなくなると、とたんに不安になって声を上げ「助けて！」と長女を呼びます。長女も本人がショートステイに行くと「母がいなければ寂しい。私がおかしくなる」とケアマネジャーに訴えます。訪問診療の医師は「親子間で異常性がある」と両者の関係を表現しています。ケアマネジャーは医師から「娘さんの思うようにしてあげるのがいい」との助言を受けました。他方、長女は「治療や指導は苦手」と言い、医師には相談しにくいという印象をもっているようです。

ここまで本人と長女の様子を見てきて、ケアマネジャーは両者に支援の必要性があると判断しました。

そしてケアマネジャーと、各サービス事業所の担当者によるケアチームがケースの特徴をしっかりと理解したうえで連携を行う必要があると判断しました。そしてカンファレンスで、ケアマネジャーからこのケースにおける支援対象、支援の目的を確認し、また各サービスの担当者に、本人のサービス利用中の様子、送迎時の家族の様子など、ケアマネジャー交代前の情報も含めて共有してもらえるようお願いしました。

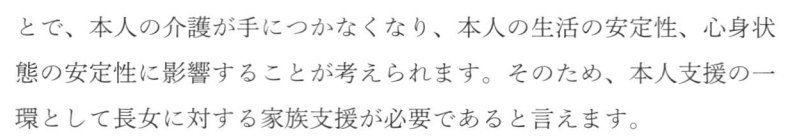

支援者の見立て①

本人の介護を充実させるために行う家族への支援

　この事例では、長女の精神状態が不安定になるこ
とで、本人の介護が手につかなくなり、本人の生活の安定性、心身状
態の安定性に影響することが考えられます。そのため、本人支援の一
環として長女に対する家族支援が必要であると言えます。

　本人の心身状態の安定と在宅生活の継続という本人支援を実現する
ためには、介護保険サービスの導入は当然必要です。そして、それに
加えて重要なこととして、長女の精神状態を安定させることがあげら
れます。

　長女の精神状態が安定し、介護が安定的に行われるようになること
で自宅内の環境整備、食事、排せつ、清拭などが途切れることなく本
人にいきわたること、そして穏やかな雰囲気のなかで本人と長女がか
かわりあえることが本人支援の基盤となるでしょう。

　このような特徴のあるケースでは、この事例のケアマネジャーが行っ
ているように、ケースにおける支援対象、支援の目的、共有してほし
い情報を確認しましょう。

　また、共依存が想定されるため、今後はそこに配慮した面談、計画
作成、チームケアが必要となってくるでしょう。

２．時間帯を問わない電話の始まり

　ケアマネジャーが担当変更して間もなく、長女から電話がかかってくる
ようになりました。ところが長女の電話の要件は、本人のことではありま

せん。長女が自分の子どもたちとうまくいかないことを悩んでいるという話です。今、起きている状況についてケアマネジャーは次のように考えました。

　まだ信頼関係も十分にできているわけではないし、もしはっきりと「それは私の相談の範囲ではありません」と言って、長女が差し出した手をケアマネジャーから払いのけられたと感じるような対応をすれば、長女は本人に関する相談すらしなくなるおそれがあるだろう、何よりも長女が不安や不満の気持ちから思考転換できなければ長女は家事が手につかなくなり、本人の介護もおろそかになってしまう、それならば今日はひとまず長女の話を聞く方がよいだろうと判断しました。

　ケアマネジャーは長女の話をしばらく聞きました。長女は本人とは関係のない話を続けています。ケアマネジャーはその話の合間を見て「ところで、お母さまはその後、食欲はいかがですか」と話題の転換を試みました。しかし、長女はまるでその言葉が聞こえなかったかのように長女と自分の子どもとの関係について話を続けています。そのような状況が続き、切るタイミングも見つからないまま1時間が経過しました。

　翌週からは土日、夜間関係なく電話がかかってくるようになりました。長女の電話によってケアマネジャー業務が滞り、私生活にさえ影響が出始めてきました。しかし、特定事業所加算を算定していることや、もし本当に本人に関する緊急の連絡だったらと思うと電話を取らずにはいられませんでした。

支援者の見立て②

精神疾患の疑いがある家族には専門的支援のため
に、受診勧奨し専門機関へつなぐのが妥当

　前任者やケアチームから、長女には精神疾患が疑われるという情報
提供は受けていて、ケアマネジャーは実際に身をもってそれを感じ取っ
ています。やはり長女には専門的な支援が必要です。この地域では、
地区保健センターの保健師による支援が想定されますが、そのために
は精神科の受診と診断名がつくことが必要です。保健センターの保健
師に相談するためにも、まずは長女の同意が必要です。

　ケアマネジャーは、モニタリングで自宅を訪問し本人・長女と面談しま
した。本人はベッドに横になっていますが、ギャッジアップし長女の姿も
見え、声も聞こえるので安心した表情を浮かべています。ケアマネジャー
は挨拶を済ませ、長女の方に振り返って最近の本人の様子とデイサービス
やショートステイの利用状況等について質問しようとした瞬間、長女は今
日もまた長女自身の関心ごとを一方的に話してきました。話題の転換を試
みますが、すぐに長女は自分のことに話題を戻します。そこでケアマネ
ジャーは「もしよろしければ、長女さんのご不安を聞いてくれる機関に相
談してみませんか」と提案しました。長女は「そういう病院や専門機関
には行かない」と答えました。

ケアマネジャーが感じた疑問

　長女はなぜ「不安を聞いてくれる機関」と言っただけで「病院や専門機関」とわかったのだろうか。また、受診や専門機関への相談をすぐに断ったのだろうかと疑問に思いました。

　ケアマネジャーは、そのことをもう少し踏み込んで明らかにしなければ、次の一手を考えることはできないと判断し、長女にもう一押ししてみることにしました。「最近は長女さんのような悩みを抱えている方も多いんですよ。そうした話を聞いてくれると思いますよ」と伝えました。しかし、長女は「医者は話を聞かないし、専門機関は上から目線で指導するから嫌い」と言います。どうやら過去に専門機関にかかろうとした経験があることが伺えます。そして「どうせ治るわけじゃないし、そういうところにかかって時間やお金を使うことは無駄だ」と言います。つまり長女には、少なからず病識があることが伺えます。病識があり、過去に専門機関にかかった経験から拒まれているとなると、むしろこれ以上ケアマネジャーだけで受診勧奨に踏み込んでも同意を得ることは難しいと感じました。

　そこで、まずは地域包括支援センターに現状を相談しました。ところが虐待やカスタマーハラスメントがあるわけではないことから、すぐにアウトリーチしてもらえる様子はありませんでした。地域包括支援センターの判断には時に圏域ごとに濃淡があるようです。次に、ケアマネジャーから地区保健センターに直接相談してみました。しかし、利用対象となる方には診断名がついていることや相談に対する同意がなければならないと言わ

157

れました。ケアマネジャーは八方ふさがりになりました。

　長女は不安・不満を抑えきれずに電話してきます。「夜にごめんなさいね」、「土日はお休みよね。ごめんなさい」と丁寧に枕詞をつけますが、一方的に話すことに変わりはありません。

　ケアマネジャーはこの時点で、次のことにどのように対応するべきか、答えを出すことができませんでした。

①長女に教育的かかわりが必要であると思っていましたが、それを実行することにより、家事や本人への介護がおろそかになるのではないか、と対応にジレンマを抱えていました。

②長女の思いもあり、支援する機関が見つけられないでいました。長女への支援策は他にどんな手立てがあるのかわからず、また、電話対応にしてもケアマネジャーや居宅介護支援事業所だけで対応するには限界があります。

支援者の見立て③

ケアマネジャーが抱える「ジレンマ」に対する考え方

　ケアマネジャーが抱くジレンマを詳細に分析すると次のようになるでしょう。

①長女がケアマネジャーに電話してくる理由は、自分の2人の子どもたちが相手にしてくれないことの寂しさと不満を訴えるためです。ケアマネジャーへの本来の相談範囲ではありません。相談の時間帯も土日や夜間など対応時間外です。緊急案件でもありません。本来ならケアマネジャーは、一旦電話は取ったとしても緊急性がないこ

と、本人以外の相談であることを確認したら「夜遅いからまた明日話をしましょう」や、「週明けにまたお話しましょう」といって短く電話を切る教育的かかわりが必要であることはわかっています。しかし、電話を切った後、長女は、不安が消えないばかりか、ケアマネジャーから電話を切られたと心が乱れ、本人への介護が手につかなくなる可能性を否定できません。そう考えるとケアマネジャーとしては教育的かかわりには踏み切れずジレンマを感じます。

②居宅介護支援事業所の支援範囲は、本来、被保険者本人です。しかし、現在、直面している課題はその家族である長女の、しかも他機関への相談に関する同意が得られない状況です。しかも虐待やカスタマーハラスメント等の致命的で緊急性のある問題はありません。しかし、ケアマネジャーは通常業務と私生活に影響して困っています。この状況でケアマネジャーから他機関に直接アプローチしてよいのか、ということにもジレンマを感じます。

　これらのようなジレンマを感じる場面において、ケアマネジャーは今後の支援方針をどのように考えたらよいのでしょうか。
　ケアマネジャーは、精神疾患の疑い以外に決定的な問題があるわけではなく、他機関につなぐことができないなか、自分の態度や言動に対する長女の反応と、本人への影響を予測すればこそ身動きが取れなくなっています。決して最善策とは言えませんが対応策を消去法で考えると、本人や長女に生活や役割を見直さなければならないようなイベントが起きるまで待ち、機を逃さずに状況を見てアクションを起こすことがあげられます。また、ケアマネジャー自身、これまでの発想にとらわれず、別の観点がないか考えてみるとよいでしょう。

3．本人の状態変化から長女の今後を考える

　長女からケアマネジャーにかかってくる電話の状況に変化はありません。本人は長女の姿が見えなければ声を上げ、本人がショートステイを利用していると長女は「寂しい。母がいないのは考えられない」と言う状況にも変化はありません。

　一方で、本人は100歳に近い年齢となり、加齢に伴って少しずつ変化が生じています。猛暑のためか食欲は低下し、それに伴い体力の低下も顕著です。アルツハイマー型認知症であることも考慮すれば、いつか食事をとることが難しくなります。自然の順番でいけば長女よりも本人が先に亡くなります。長女は本人がショートステイを利用するだけで寂しいと言っていますし、子どもからも距離を置かれています。本人亡き後の長女は、いったいどうなるのでしょうか。現在は共依存の状況であり、やがて本人が他界した後の長女の精神状態や生活を考慮すれば一層、今から長女にかかわる人が必要になるとケアマネジャーは思いました。

支援者の見立て④

本人存命中に行える、本人他界後の家族の生活維持・安定のための支援

　この事例ではケアマネジャーが捉えた家族支援の種類に変化が生じました。ケアマネジャーが家族支援の必要性があると判断した根拠は、本人が安定した在宅生活を送るために長女の精神状態の安定が前提であることです。つまり本人支援を行うための家族支援でした（家族支援の類型【基本型】解説編（P.54））。

しかし今は、母子の共依存とも考えられる関係のなかで本人が他界した後、1人残される長女が、精神状態を保ちながら生活することは困難を極めるという予測が立ちます。つまり長女自身が生活していくうえでのニーズと捉えた、長女のための支援に視野が広がっています（家族支援の類型【該当者のみ行う選択型】解説編（P.54））。

ケアマネジャーは、本人の存命中（住民票が存在する間）だけ支援する機能を有しています。そのため、本人他界の後のことはケアマネジャーの支援対象範囲外です。しかし、意思決定支援という観点から、もし本人が自分の予後が短い状態で、中長期的判断が可能だとしたら、自分亡き後の長女のことを憂えるかもしれない、とケアマネジャーは想像力を働かせました。

どこまでを本人支援と言うのか、ケアマネジャーの業務範囲と考えるかはわかりませんが、このケースではケアマネジャーが本人、家族とかかわるなかで本人の意向の想像範囲を考えたことにより、支援の射程が広がっていきました。

このケースの担当を引き継いだ直後、訪問診療の医師から「娘さんの思うようにしてあげるのがいい」との助言を受けたことを改めて思い出しました。長女が求めているのは治療や指導ではなく「話を聞いてくれること」です。ケアマネジャーはそのことに気づいてはいたのですが、何とか精神専門の窓口につなげる同意を取り付けることばかりを目的化していた自分の気持ちに気づきました。むしろ最初の窓口となるのは必ずしも精神専門である必要はないのではないか、フラットな関係のかかわりを求めているのではないか、長女に精神専門のかかわりが必要になった時点で医療機関や保健センターにつなぐ視点をもってかかわってもらえるよう、あらかじ

め共有しておけばよいのではないか、何よりもケアマネジャーの関与が終了した後も長女とかかわりを継続できる機能をもつ機関が必要ではないか、つまり、長期的視点で長女が孤立しないようにすることが必要なのだと考えるようになりました。

　そこで、社会福祉協議会が行うCSW（コミュニティソーシャルワーカー）に相談することにしました。長女には、この地区の家庭をまわって相談を受けてくれるサービスだと説明したところ、同意を得ることができ、つながりました。

　しかし、ケアマネジャーへの入電が減ったわけではなく、長女は平日の日中帯はCSWに、土日や夜間はケアマネジャーに連絡するという使い分けをするようになりました。

家族支援のアプローチ

教育的かかわり

　家族支援では、ねぎらい、承認などの支援もありますが、ときに「教育的かかわり」が必要な場面があります。このケースでは、居宅介護支援事業所の相談範囲を超えた、緊急ではない案件で時間外の入電が続きました。このような場合には、教育的かかわりとして「今日はもう遅いから明日お話ししましょうね」のように、柔らかにルールを伝え家族の行動を促す「教育的かかわり」を行うとよいでしょう。このケースではケアマネジャーはそれを知っていましたが、それをされたときの長女の心理や行動、長女と本人の関係の予測が立っていたため教育的かかわりを行えずにいました。

　本人はデイサービスの利用は継続していますが、傾眠状態が続き、食事もほとんどとれなくなってきました。医師からは看取りの時期に入ってきたとの説明がありました。

　ケアマネジャーは長女がこれから取り乱し、精神不安定になるのではないかと思いました。長女をチームケアで支援する必要はありそうですが、長女の精神状態はそれだけでは持ちこたえられないかもしれないと危惧しました。

支援者の見立て⑤

親なき後の問題への対応の要否と内容の見極め

　長女はこれまで本人のショートステイ利用時ですら「寂しい」、「母がいない生活は考えられない」とケアマネジャーに訴えていました。このような状態であれば、本人の死を前提とした看取りのプロセスで長女は精神不安定となり、看取りの介護ができなくなる可能性が高いと考えられます。その状況に備え、入院も視野に入れた準備が必要でしょう。そしていよいよ、本人が他界した後の長女の生活についても現実味をもって考えなければならない時期に来ました。

　ケアマネジャーは本人の支援体制の検討、長女の看取りに対する意向確認と精神的な支援のため、多職種で話し合いの機会をもちました。ところが、そのような話し合いの最中でさえ長女は「SNSの仲間から仲間外れにされてつらい」という相談を持ちかけます。本人の予後（死へのプロセス）

が説明されたにもかかわらず、現時点では長女の口から母親がいなくなることへの不安は語られていません。看取りの場所の選択肢として入院も可能であることを示しましたが長女は淡々と「家でみます」と答えました。そこにはまるで悲壮感やひっ迫感はありませんでした。本人がいなくなることを想像できていないのかもしれません。

　いずれにしても、ケアマネジャーは、看取りのプロセスだけでなく本人他界後の長女の孤立も心配になり、あらためて地域包括支援センターに相談し、カンファレンスへの同席を求めていました。そこで地域包括支援センターの職員は同席し長女の話を丁寧に聞いてくれました。地域包括支援センターは長女に地区保健センターの精神担当の保健師を紹介することを提案すると、長女は同意しました。母親の死が目前に迫っている今の心理状態で、SNSでも仲間外れにされ、丁寧に話を聞いてくれた地域包括支援センター職員からの提案はまさに機を得たと考えられます。以降、長女からケアマネジャーへの電話は減りました。長女はしっかりと在宅での看取り介護を続け、7カ月後、本人は他界しました。

独居で子どもがいない利用者を、疎遠な親族がキーパーソンとなり支援した事例

これまでの関係が疎遠な親族からの協力を受けるに当たり配慮しながら進めた支援

事例の特徴

- 89歳、男性、要介護2、慢性心不全、軽度認知症
- 2年前に妻は他界、子どもはおらず独居
- 金融機関の役員経験があり、きっちりした性格、物事にこだわる一面もある
- 自分で家事をすることが容易ではなくなり、家の中は散乱している
- 服薬コンプライアンスに課題があり、慢性心不全を悪化させては受診・入院・退院を繰り返している

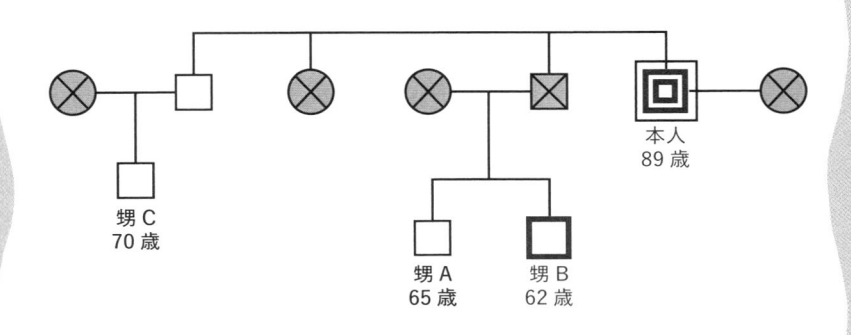

支援のいきさつ

　本人は89歳男性、独居で子どもはいません。日常生活のことは近隣の方にお金を渡してお使いを依頼することが常態化していたようです。地域包括支援センターなどに、介護保険サービスの情報を提供されても、かたくなにサービス導入を望まない状況が続いていました。また本人は誰にも親族の存在を開示していませんでした。

　ある日、本人が自宅の浴槽から自力で出られなくなり、大声で助けを求め民生委員が対応し、救急搬送されました。それをきっかけに親族の連絡先がわかり、甥から説得されてようやく介護保険サービスの契約に至り、ケアマネジャーが担当になりました。

　親族の甥は3人（A.B.C）います。Aは脳梗塞後遺症のため移動に介助が必要であることから本人の介護にかかわることは難しく、Bが救急搬送先の病院や介護保険の利用の説得、契約の同席にかかわりました。それまでの付き合いはほとんどなかったものの、これを機にBが生活支援に関与するようになりました。また、Cは遠方に住んでいるため本人とのかかわりはありませんでした。

1．遠方の親族を含めた本人の家族全体を概観する

　本人の心不全の入院を機に甥の存在が明らかになりました。かかわっていた人たちは内心、胸をなでおろしていました。身寄りのない一人暮らしの高齢男性が心臓に病気を抱え、救急搬送を繰り返しているのを間近で見ているのですから当然です。

　甥Bはこれまでほとんどかかわりのない疎遠な親族の1人でした。しかし、今回の入院の一件から、かかわってくれるようになりました。甥Bによってわかったことですが、実は本人は四人兄弟の末っ子で、長兄は95歳、他県在住で要介護状態だそうです。長兄には一人息子がいます（甥

C)、次兄は既に他界していますが2人の息子（甥AとB）が隣市にいます。

　次兄の長男（甥A）は脳梗塞後遺症で移動に介助が必要な状態です。次兄の次男（甥B）は今回手助けをしてくれた人です。

　甥Bが本人に介護保険サービスについて説明し説得してくれたおかげで、長年難航していた公的サービスの利用にようやく至りました。退院に向けて本人、甥B、地域包括支援センター、居宅介護支援事業所、訪問看護、訪問介護が一堂に会してサービス担当者会議を行い、訪問介護は毎日、訪問看護は週1回利用することが決まりました。退院当日から訪問介護、訪問看護のサービスが始まりました。

支援者の見立て①

主介護者ではない場合でも、意思決定をお願いできるキーパーソンがいるか

　この事例に主介護者はいません。主として日常生活を支援するのは介護保険サービス（訪問介護）であり、健康管理は訪問看護の役割です。

　しかし甥Bをキーパーソンと見て今後も協力をお願いしていくこととなるでしょう。

　今後は年齢とともに心身状態も変化しやすく、心不全の発作が起きる可能性も考えられます。特に医療同意などの意思決定には親族の協力が必要です。つまり甥Bにはこれからお願いすることが増えていくことが推測できます。

２．甥に頼る意思決定

　退院翌日、本人はヘルパーに「やっぱりもう来なくていいよ」と言いました。「こんなに勝手に物を動かされちゃ困るからね」というのが理由のようです。本人の家は物屋敷に近いような散らかりようです。本人なりにわかるように物を置いているのでしょうが、室内での移動性や安全、衛生状態の確保のためには少しずつ生活環境を整える必要があります。訪問介護は欠かせないと思いました。

　ケアマネジャーは、まだ信頼関係が十分ではない自分よりも甥Bから話してもらう方がよいと考え、甥Bに電話して状況を説明し協力をお願いできないか相談しました。すると甥Bは快く引き受けてくれました。今後も甥Bのおかげで訪問介護は何とか継続できるようになりました。

ケアマネジャーが感じた疑問

　ケアマネジャーはこのとき、配偶者、親子、兄弟でもない、しかもこれまで疎遠だった甥（親族）にどこまでの負担をかけてよいのだろうかと疑問に思いました。

３．これまでの親族関係を知ったうえで支援する重要性

　訪問介護をサービスに入れたことで本人や自宅の様子、生活ぶりに関する情報が共有され、本人の生活実態が少しずつわかってきました。その１つが、本人は自宅に現金数百万円を保管していたことです。

　これまで本人は、地域包括支援センターをはじめ介護保険サービスで他人が自宅に出入りすることを警戒していたから自分たちを受け入れなかっ

たのだと思いました。退院翌日に訪問介護に「もう来なくていいよ」と言ったのも、体が不自由な自分に代わって家の中を1人で歩き回り掃除や片付けをするヘルパーの行動を見て、現金が盗まれるかもしれないと危惧したのでしょう。その心配も無理はありません。

　本人が今後も在宅生活を継続するなら他人から受ける介護量は増えていきます。そこでケアマネジャーは、本人が安心できるよう金庫の購入を提案しました。とはいえ金庫は日用品ではありませんから、訪問介護では対応できません。何より金庫自体高額ですし、財産を保管する機能の特性上、何を選ぶかはやはり親族の手助けが不可欠です。

　そう考えるとケアマネジャーには迷いがありました。甥Bに頼らざるを得ないけれど、また甥Bに負担をかけることになってしまいます。疎遠だった甥Bに突然このような負担がかかっていくことを甥Bは、内心どう思っているのか、甥Bはよいと思っていても甥Bの妻や家族は納得しているのか、支援の要請が度重なり負担となって嫌気が差すことになれば、今後、親族でなければ対応できない場面は増えていくのにどうしたものかとケアマネジャーに葛藤が生じ始めました。

支援者の見立て②

疎遠だった甥・姪（めい）などの親族が支援してくれる場合の役割分担は、いわゆる通常の家族との役割分担にはない配慮が必要になる

　介護保険サービスを利用する前まで、本人は近隣の知り合いにお金を払って買い物などの用事をしてもらっていました。近隣の人も、本人とのこれまでの関係からそれに応じてくれていました。介護保険サー

ビスは安定した専門職のかかわりが強みですが、国の保険制度ですから行える範囲は限定されており柔軟性には欠けます。介護保険が入ったからといって近隣の人が引いていってしまうのでは、本人のためだけでなく遠方の親族にとっても困ることです。

　ケアマネジャーがサービス調整することはよいことですが、このような状況の場合には、サービス調整によって親族にどんな影響が生じるかを予測しておく必要があります。

　親族とはいえ、これまで疎遠だった場合には、本人の近年の生活習慣、暮らしぶり、考え方や癖、大切にしていることなどは詳しくないでしょう。そうした関係にある親族には、本人の意思決定支援にどこまで関与してもらうのが適切なのか、あるいは、あまりにお願いごと（依存）をして、親族が負担感を感じてまた疎遠になってしまうようでは困ります。関係が疎遠な親族には、ここぞという場面で親族にしかできないことをお願いできる関係性を維持する視点と役割分担の調整が必要です。つまり細くてもいいから質の良い糸をつないでおくのです。

４．疎遠な家族であることを理解した役割分担

　ケアマネジャーは改めて、甥の介護の動機や介護負担を意識した役割分担を行うことにしました。甥には、どうしても介護保険では対応できないことや、一方で親族にしかできないことのみをお願いすることをこのケースでの基準にしました。**やれるからやってもらうではなく甥にしかできないこと**です。また本人は、甥に頼みたいという気持ちもあってお願いすることもありますが、それを繰り返すと負担となることもあります。

家族支援のアプローチ

遠方の親族に本人の日常生活の様子を報告するときは、遠方の親族側から見た「本人を意識したかかわり方」という視点から

　家族は本人の日常生活や意思決定にかかわる存在です。一方で同居ではない家族は本人のことがわかりません。ましてや疎遠だった親族である甥が、親族だからという理由で今後は重要な場面で役割を果たさなければならなくなります。例えば治療や延命等の医療同意、住まいの場を変更するとき等が想定されます。

　本人のことがわからないからといって、何でも報告したらよいというわけではありません。

　確かに日常生活は、いつもしている生活、心身状態の変化、選んでいることの傾向等、本人らしさがあふれています。

　一方で、いつも報告されても、どうすればよいかわからず困るという親族もいます。なので、今後親族にお願いしたいこと、お願いするタイミングなど想定されることをあらかじめ伝えておくと、親族側もどこまでのことを日頃から知っておくべきか判断がつきます。

　また、そこまで知りたいかどうかは関係性によります。関係性という点では配偶者や親子とも同じように見えますが、異なるのはお互いから見たときの見え方です。甥・姪等になれば、本人から見た甥・姪との関係性と、甥・姪から見た本人の関係が必ずしも一致するとは言えません。伯父・伯母（叔父・叔母）からみた甥・姪はかわいがってあげた存在だと認識していても、甥・姪から見れば子どもの頃のことは忘れていて親とは違って遠い存在だと感じているかもしれません。

　介護保険サービス、近隣の方、甥Bにお願いする内容の整理ができて、本人の気持ちも生活も落ち着いてきました。ケアマネジャーは今後、継続して甥Bをキーパーソンとしてよいのか気になりました。甥Bの負担という観点だけでなく、あと2人いる甥との関係に問題はないのか少し心配になりました。ケアマネジャーのアセスメントでは、認知症の影響は限定的で、日常生活の大半のことはできていると判断しました。要介護2ですが、それは心不全で入院したときの身体的な影響からです。このケースでは、甥Bには金融機関でのお金の引き出しを主に依頼していましたが、ケアマネジャーから日常生活自立支援事業や成年後見制度による弁護士の活用を紹介しました。それをどう判断するかは本人と親族の話し合いです。ケアマネジャーができるのは情報的支援までです。

支援者の見立て③

本人に資産がある場合、遠方の親族がかかわる動機次第では親族間の争いになるおそれもある

　資産についてはケアマネジャーが関与する範疇ではありませんが、本人には軽度認知症があります。今後、認知症が進行していったときの本人の権利擁護と親族間の関係性を考慮し何ができるのでしょうか。

　これからは、配偶者でも、親子でも、兄弟姉妹でもない親族がキーパーソンという事例が増えていくでしょう。そのような場合にはいわゆる"家族支援"とは異なる配慮が必要でしょう。なぜなら、実子など近しい関係ほど、愛着関係の影響を受け、関係性がよいほど受容に時間を要したり、「こうしてあげたい」という思い入れが強くなりま

す。法的、社会的にも介護にまつわる責任のレベルは高くなります。

　一方で親族、しかも遠方の、となれば本人と過去から共有した時間も経験もほとんどないでしょう。それなのに親族だからという一点で突然連絡が来て、頼まれごとをされるため、驚く気持ちがあることを理解しておくことは大切です。遠方の親族にお願いするときには、まず、連絡に応じてくれたという協力に感謝します。そして突然連絡を取るというよりも、あらかじめケアマネジャーとして、この利用者にとって今後想定される出来事、そのなかで親族にしかお願いできないことを整理しておくことです。それ以外は、公的サービス、インフォーマルサポートも活用することを親族に理解してもらうことで親族にとっては了解してもらえることができます。繰り返しとなりますが細くても、良い質の糸がつながり続けている、そうした関係を優先する方が、本人、親族、関係者にとって最も負担がないでしょう。

　もちろん、個別の関係性ではかつて伯父・伯母（叔父・叔母）が甥・姪と一緒に住んでいた場合などは「家族の一員」という意識でしょう。親族間の歴史と今の関係性を見て個別に判断することが大切です。

同居の家族は在宅、別居の家族は施設希望の事例

同居の家族と別居の家族の まとまらない意思決定に 伴走しながら進めた支援

事例の特徴

- 77歳、女性、要介護3、アルツハイマー型認知症
- 本人はもともとおとなしい性格だが、認知症により一層自分の 意向を表明しにくい状態である
- 本人、夫、長男は同居で建築関連の自営業
- 長女、次女は同市在住で、それぞれに家庭がある
- 本人は主婦、自営業のおかみさんとして過ごしてきた

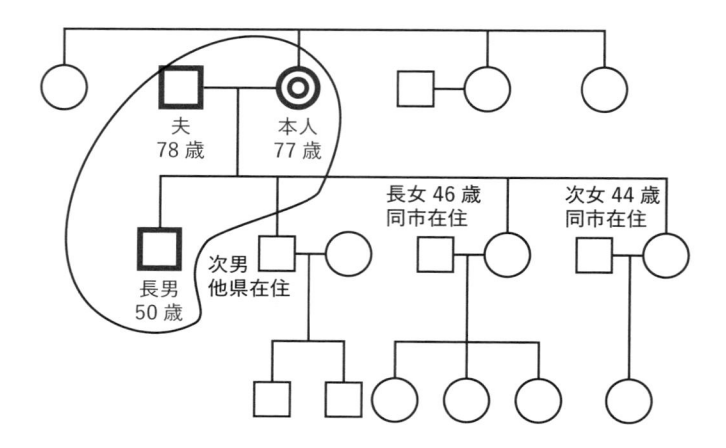

支援のいきさつ

　本人が70歳の頃にアルツハイマー型認知症を発症しました。発症から７年が経過した時点で、他事業所からの引継ぎによりケアマネジャーが担当することとなりました。また、その頃から本人の認知症の症状が急激に進行し、重度の認知機能の低下が認められました。同居している夫と長男は、本人との在宅生活を望んでいますが、以前から排せつケアだけは無理だと言っています。

１．認知症の症状が急激に変化する段階での支援の始まり

　前任者から引き継いだ後の最初の訪問です。夫が「一昨日、１人で出かけて帰ってこれなくなったんだよ」、続けて「おもらしもしちゃったんだよ。いったいどうすりゃいいんだ。困った」と言います。これまでにはなかった症状が出現し、夫も混乱しているようです。

　昨日、訪問看護師から「そろそろ施設を考える時期ですよ」と助言されたそうです。確かに前任者からは、夫と長男は「排せつケアだけは無理」と言っていることは引継ぎ内容に含まれていましたので、訪問看護師は、夫と長男の過去の発言と現状を考慮して助言したのでしょう。

　本人の認知機能は今、目の前のことについて「食べたい・食べたくない」、「したい・したくない」は答えられても、自宅と経験したことのない施設の違いを想像しながら自分のこれからの生活の判断をすることは難しい状況です。

　訪問看護師の提案をきっかけに、本人、家族が意思決定のタイミングを迎えています。ケアマネジャーは初めての訪問でしたが、今すぐに意思決定支援を開始する必要がありそうだと思いました。

支援者の見立て①

意思決定支援を開始する際の当面のかかわり

　この事例では、担当交代というタイミングで、本人に大きな変化が生じており、これまでかかわり続けてきた訪問看護が「施設」の言葉を家族に提示したことで、意思決定のタイミングを迎えています。

　一方で、ケアマネジャーは今まさにかかわり始めたばかりです。理解している情報も、本人や家族とともに重ねた経験もない。このような状況で本人の人生の重要な意思決定にかかわるターニングポイントにあります。だからこそチームとの協働が一層重要であるでしょう。

　今すぐに行う意思決定支援は、次のとおりです。

・症状が変化しているなかで当面受ける在宅サービスの調整

・施設入所についてどのように考えるか

　そのためにケアマネジャーとして「本人の意思決定にかかわる人は誰か」を見極め、家族アセスメントしていく必要があります。

2．キーパーソンは本人とは別居の長女

　ケアマネジャーは、デイサービス（通所介護）の回数を増やすこと、ショートステイ（短期入所生活介護）の利用、施設の選択肢があることについて情報提供し、考えておいてもらうようにしました。

　事業所に戻ってからこれまでずっとかかわってきたという訪問看護師に連絡し考えを聞きました。以前からサービスの調整などは長女、普段の介護は夫がしていること、夫は家でみたいという気持ちが強いこと、訪問看

護師としては施設が妥当だと考えていることを話してくれました。

ケアマネジャーが感じた疑問

　なぜ、同居の夫と長男がいるのに、長女がキーパーソンなのだろうかと思いました。

　前任ケアマネジャーからの引継ぎでも、訪問看護師の言うとおり、モニタリング訪問の日時調整の窓口は長女、実際に面談するのは夫だと聞いていました。そこで、長女に電話し改めて夫と面談させてほしいことを伝え、日程調整してもらいました。今回は長女にも同席してもらうことにしました。

　本人の認知症の症状変化と夫の介護負担を考えると、今後、キーパーソンは長女から夫に変更したほうがよいのではないか、とケアマネジャーはこのとき思いました。

支援者の見立て②

キーパーソンは、本人の状態と家族の負担によっては変更も検討する。変更の際には家族との信頼関係に影響しないよう配慮する

①本人の状態変化とそれに伴う家族の負担増によるキーパーソンの変更について

本人の状態変化を認知症の進行プロセスから考えると、社会とのかかわり、身の回りの生活のことへの介護で足りていたのが、ADLの低下により、身体介護が増え、夫と長男が直接行う介護行為が増加しています。これにより家族の物理的、精神的負担が増加する時期に直面しています。本人の日常の様子に加えて、同居の夫と長男の介護負担の内容や程度を確認しなければならないでしょう。したがって直接連絡を取り合うキーパーソンも夫にした方がよいと考えられます。

②キーパーソン変更の際に配慮しなければならないこと

①の理由でキーパーソンを交代するのが適切であるとケアマネジャーは判断しています。一方で長女側から見れば新しいケアマネジャーが来て、何だか知らないが窓口を勝手に変えたとか、最近連絡が来ないなど、長女が軽んじられていると感じるとしたら、信頼関係と今後の支援過程に影響してしまうでしょう。そのため、長女がこれまで本人だけでなく夫と長男も支えたい気持ちで行ってきたことを 慮 り、ねぎらい、尊重しなければなりません。

面談で、これまで長女が連絡調整してきた背景をさりげなく質問したところ、夫と長男は建築関係の自営業を営んでいて日中多忙のため、医療や介護の日程調整、書類のことなどは長女が行っていたことがわかりました。

ケアマネジャーは、市内にある認知症疾患医療センターのパンフレットにあるアルツハイマー型認知症に関する解説を用いて、これまでの本人の症状と最近起きている症状について説明し、症状が進行しているのかもしれないため、通院して医師に相談した方がよいことを伝えました。

そのうえで、これからは日常生活動作（排せつ、着替え、ひとり歩きの

見守り等）の介護が増えていくかもしれないこと、今は夫に負担がかかっている時期であることから、ケアマネジャーから直接夫に連絡を取らせてもらってもよいか、夫と長女に意向を確認しました。両者から「その方がよい」と了承を得ることができました。

　加えて、在宅生活を送るためのサービスの見直しと、今後に向けて施設入所をどう考えるかの話し合いをしたいことを伝えました。すると、夫からは施設のことについて「俺と長男は家がいいって言ってるんだ。まだみれるし、本人だって家で生活する方が刺激がある」と言います。一方で長女は「お父さんたち、そうは言うけど、ちょこちょこ私たち（長女と次女）に頼み事してくるし、私たちだってそれなりに大変よ。もうそろそろ施設に入れた方がいいって（次女とも）話していたところなのよ」と言います。

家族支援のアプローチ

ケアマネジャーは家族を介護力として見るのではなく、家族は日常生活や意思決定にかかわる人として接する姿勢をもつ

　この事例の家族は、夫、長男、長女、次女の4人です。そして、この家族において、意思決定支援にかかわる人は誰なのか考えると、全員になるでしょう。ケアマネジャーはそれぞれの家族の意見とその背景を確認する必要があります。

　確認の方法は、それぞれ個別に確認する方法と、全員が参集する方法があります。時間の都合や、家族関係によっては個別に確認することもありますが、参集する場合には家族全員の意向と考えを、それぞれに自ら発言してもらうことができます。一方で個別に確認した場合、

ケアマネジャーが聞き取った家族の意向を他の家族や関係者に伝える段階で、「代弁」する必要があります。代弁には主観が伴い要約されることがあることを認識しておかなければなりません。

また、参集してもらうことで、単に自分の意向を述べるだけでなく、他の人の意向の背景までを知り、そのうえで質問や自分の意見を述べることができるようになります。そのようなやりとりを積み重ねつつ他の人の立場、心情を理解し、かつ自分の意見を改めて考えることにつながります。

しかし、その逆も考えられます。家族ゆえに過去からのエピソードや関係によって「またそんなことを言っている」、「あのときにこんなふうにしたじゃないか」と他人に対してなら決して口にしないような、今回の意思決定に関係のないことをもち出すなど、介護とは関係のないところで引くに引けない事情があり、もめる場合があることも考慮しましょう。

また、参集して意見を述べてもらっても、解散した後、個別にケアマネジャーに電話してくることもあると思います。そのこと自体に問題があると捉えるのではなく、他の家族の前では言いにくいこと（関係）がある、個別に聞いてほしいことがある、という認識をもつことで、その家族や状況の理解につながるでしょう。

ケアマネジャーはケアチームとともに、家族がこの意思決定において、様々な意味で成長できるよう伴走することが大切です。

3．家族間で生じる意向の相違

ケアマネジャーは、家族全員が集まって話し合う機会を設けました。それぞれの意向は次のとおりでした。

夫	大変でないわけではないが、このまま家での生活ができるし、させてあげたいと思っている
長男	このまま家にいさせてあげたい
長女	父にも疲労の様子が見えるし、施設に入所する方がよい
次女	介護負担で父が倒れることが心配。施設入所がよい

　やはり夫・長男と長女・次女で意見の相違が表れてしまいました。しかし話し合いは終始、お互いの意見を尊重しながら、どのような形がよいのか建設的な議論ができていました。また話し合いの後に、夫と長女にそれぞれ個別に話をしましたが、意見は対立しながらもお互いを敵視しているわけではないようでした。

支援者の見立て③

意向に相違がある＝協力し合えないというわけではない

　この事例では、同居の夫と長男は自宅生活の継続を希望、別居の長女と次女は本人の認知症症状の変化と、本人・夫・長男の生活状況を客観的に捉えて、施設入所を希望しているようです。

　全体の話し合いと、夫と長女の二者との話という限定的な条件のなかの判断ではありますが、施設入所をめぐり家族関係が悪化し深刻な状況になるおそれはないようです。

　同居している夫と長男、それぞれに家庭のある長女と次女の二つに意見が分かれている状態です。しかし、この家族には、施設入所に関する意見は対立していても、家族同士が尊重し、協力し合える関係があるというストレングスがありそうです。

　結局、すぐに施設入所という判断に至ることはなく、家で暮らしていくためにデイサービスの利用回数を増やすことになりました。情報提供したショートステイは選択しませんでした。

　後日、モニタリング訪問し、状況を確認しました。夫から「最近は箸を使わないで手で食べようとするんだよ」、「一昨日の夜なんて、カーテンの方をじっと見ているから『どうしたんだ？』って聞いても黙ってるから『誰かいるのか？』って言ったらうなずくんだよ。まったく気持ち悪いよ」という話を聞きました。状況によっては食事の介助が必要で、幻視も出現していることが推察されます。ケアマネジャーは、最近の変化をかかりつけ医の先生に情報提供してよいか、夫に確認し了解を得ました。夫にも通院のときには、今のような情報を医師に伝えてもらうようにお願いしました。

　日常生活の様子をさらに確認すると、排せつの失敗は毎日ではないにせよ続いています。そのような話をしているとき訪問看護の時間になり、訪問看護師が訪れました。上記の情報を共有すると訪問看護師は「もう施設入所が妥当ですよ」と言いました。

　このときケアマネジャーは、たとえ専門職が考える正解があったとしても、それを家族にそのまま伝えてしまうことで、この家族が行う意思決定を誘導してしまうのではないかと危惧しました。まずは家族の気持ちを尊重し、家族自身の力で納得しながら決定していくかかわりが必要だと考えていました。

支援者の見立て④

専門職が考える正解があるとしても、家族が行う意思決定を誘導してはならない

　今、この家族にとって介護負担等の課題があることは否定できません。しかし、今も夫と長男は家で介護することを強く望んでいます。「施設入所が妥当」と言葉で伝えることは、専門職の考えを伝えるという点ではよいのかもしれませんが、家族にとっては、「そうしなければならないのか」、「自分たちはわがままを言っているのか」「意向が尊重されていないのではないか」といった気持ちを抱かせるかもしれません。

　また、施設入所によって夫と長男に与える影響と、長女と次女に与える影響には決定的な違いがあります。長女と次女は既に実家を出て、異なる場所で新しい家族をつくり、本人と何十年も別居している経験をもっていますが、夫と長男からしてみれば本人がいない生活はこれまで経験がないのです。関係性という点では、本人と夫は夫婦関係です。夫として妻と一緒に暮らしたい気持ちと、夫以外の家族成員による本人との時間の積み重ねと感情を並列で考えることはできません。施設入所すると多くのケースでは死を迎えるまで、もはや再び一緒に暮らすことはありません。夫はそれがわかっているから、介護負担という課題はあっても、妻の発話が少なくなっても、互いの存在を当たり前に感じ、枕を並べて寝ることができる生活を選んでいるのではないでしょうか。今回の意思決定が、残された人生のなかで極めて大きな判断だということを考えれば、安易に施設選択への背中を押したり、支援者からこれがよい、など判断して誘導すべきではないと違和感を

覚えたのです。

　意思決定支援で、特に家族の意向がまとまらないとき、支援者は

- 無理に結論を出させようとすること（決定の目的化）
- 支援者の意見に近い意向に誘導すること
- よかれと思って行うチームケアが、家族に対してチームで圧力をかける実態となること

を避けるようマネジメントしなければならないでしょう。それと同時に、家族のケアチームへの信頼を維持するために訪問看護師の発言と立場も否定しないようにも気をつけましょう。

4．求められる伴走支援者としてのかかわり

　そこでケアマネジャーは「ご主人と息子さんは、まだ在宅というお気持ちなんですよね」と、夫と長男が発言しやすいように切り出しました。そこには意図がありました。夫と長男の気持ちに変化がないなら、ケアマネジャーが切り出した言葉に同意するだけですし、訪問看護師の助言で施設に気持ちが傾いたならそこへの同意もできるからです。夫と長男は口をそろえて「もうしばらく家で、と思っています」と答えました。その日、事業所に帰ってから長女と次女に意向を確認しました。長女と次女は「施設がいい」という意向に変化はありませんでした。

　この家族の意見対立が容易に変化することがないことは、ここまでのかかわりでわかってきました。夫と長男、別居の長女と次女は、それぞれ、現状を客観的に捉えたうえで、それぞれの意見を主張しているように見えるからです。

　夫と長男は本人とずっと一緒に住んできた人。長女と次女は結婚を機に実家を出て本人と離れて暮らす経験をしている人です。本人が施設に入所

することによる、受けとめなければならない生活と感情の変化は簡単に比較できるものではないでしょう。また、夫にとっては夫婦の問題（人生の同志とも言える）ですが、長女と次女にとっては子から見た親ということになります。その違いも今後、意思決定を支援する際に頭の片隅に置いておこうと思いました。

このようなことを考えながら、ケアマネジャーはケアチームとともに、4人の家族それぞれの意向を確認するとともに、それを尊重しながら「時」が熟すのを待ちました。単に待っていたのではなく、家族の成長により意思決定が下されることを期待しながら、伴走支援者としてのかかわり（支援者の見立て⑤を参照）を意識し、本人の安全と家族の疲労と健康維持に留意しながらかかわっていきました。

支援者の見立て⑤

施設入所をめぐる意思決定においては、伴走支援者として、ケースの要件を整理したうえで適切な手助けができるか

急を要するときには、すぐに判断せざるを得ないこともありますが、本来、意思決定を支援する際には無理に結論を急ぐかかわりをしてはいけません。言葉の上では同意した場合でも、後々まで心のどこかで「言わされた」という意識が残ることがあるからです。

この家族には現時点で緊急性は生じていません。したがって拙速に結論を出す必要はないと言えます。

支援者が家族の相互の意思を確認し続けるなかで家族は成長し、本人の心身状態の変化や環境の変化等によって自然と意思決定されるタ

イミングが来ることがあります。

　家族が本人の施設入所という意思決定に関しての成長を遂げるには、次の①〜⑤が必要です。

　①家族の話し合いの機会を定期的に設ける

　②それぞれの家族が自由に意見できるように全員に発言機会がある

　③支援者が決定を急がない

　④支援者は施設入所こそが正解であるという考えを心のどこかに抱いていないか自己覚知を続ける

　⑤施設を選択・非選択する判断には情報と体験が必要であり、そのための支援を行うこと等を意図的に行う

5．ショートステイの導入

　ケアマネジャーは、やはりショートステイの導入をしてもらうのがよいのではないかと思いました。夫と長男が心身を休める時間が必要であることは明確です。

　並行して、施設入所に関する意思決定に必要な情報提供と体験という意図でもショートステイの利用は有効だと思いました。本人が施設に泊まることを通じて、施設のなかでどのような反応を示すのか、夫と長男は本人が夜間いない状況をどのように感じるのか確認できることとなります。

　もし夫と長男がショートステイを受け入れてくれるなら、仮に施設入所を選択した場合でも、いきなり入所するよりも、本人も家族も新しい生活になじむのが早くなるのではないだろうか。そして自宅とショートステイで過ごす日の割合を本人と家族の適応、受け入れる気持ちの状況を見ながら調整することができると考えていました。

　ケアマネジャーは、これらの考えとともにショートステイの利用を提案

　すると、夫と長男は、しばらく考えて「泊まりに行くのならいい」、「ただし１泊だけ」と承諾し、ショートステイの利用が決定しました。

　利用に当たっては、あらかじめショートステイの事業所に利用の意図と、それを判断するのに必要なショートステイ利用中の情報提供をお願いしたいことについて事前に依頼をしておきました。

　実際に利用してみると、本人は利用を嫌がることはなく、夜間睡眠は良好、食事も全量摂取したとの報告がありました。夫と長男は本人の初めての施設でのお泊りでどうしているのか気にはなったものの、２人から「久しぶりにしっかり眠れた」という発言もありました。来月もまたショートステイの予約が入っています。継続して利用していくこととなりました。

　３カ月後、夫から「ショートステイで利用している施設だけ入所申込をした。申込みしてもすぐには入所できないと聞いていたから」という報告がありました。ショートステイは２泊３日に増えていきました。

　この調子でショートステイの利用日数をさらに増やし、在宅と施設の比率を縮めていくことによって、さらなる介護負担の軽減につなげることができるのではないか、とケアマネジャーは思いました。

支援者の見立て⑥

ショートステイの活用により、介護負担の軽減と施設入所のイメージ形成につなげることができる

　夫も年齢を重ね、疲労しやすくなっています。また近年、夏の猛暑が続き、建築関係の仕事は過酷さを増しています。ケアマネジャーが心配だからというのではなく、あくまで「長女と次女の気持ちを慮る」という意図で、夫の健康にケアマネジャーとしてできる対応をしたの

> です。
>
> 　また、まとまった日数のショートステイの利用を重ね、在宅とショートステイの比率が縮まることで、施設生活のイメージを持つことや、本人と離れている時間の自身の生活や感情に気づき、在宅継続なのか、施設選択か、家族の意向が固まっていくのではないだろうか、という狙いもありました。

　そしてケアマネジャーは夫に連続1週間のショートステイを提案しました。夫は、「来月は3日、それがうまくいけばその次の月は1週間でもいい」と答えました。長男も「今のところ本人はショートステイを嫌がっていないので構わない。でも、利用途中でもし本人が帰りたがったら途中で中止してほしい」という意向でした。ケアマネジャーはさっそくショートステイを調整しました。

　その後、ショートステイの利用状況をモニタリングしたところ、利用中に本人が不穏になったり体調を崩すことはありませんでした。予定どおりの日程でショートステイは利用されました。

　ケアマネジャーは、今の本人の心身状態に合わせたケアプランを提案し、家族それぞれの意向を続けて確認していくことにしました。

　やがて本人はベッド上の生活が中心となり、身体介護の比率は高まりました。夫や息子は排せつのことは行えないとの意思を示していますので、自宅での排せつ介助は訪問介護と訪問看護で行いました。さらにショートステイを隔週で利用することになりました。

　ショートステイの利用が長くなると自宅との行き来で心身の不調を来すことが心配でしたが、むしろ本人は生活リズムや栄養バランスが安定するとともに、家族とも過ごす時間が確保され、リラックスした表情が増えて

いきました。

　夫と長男は「ショートステイと家での生活のバランスがよいと感じている」と言います。長女と次女はショートステイの日数が増えることで夫と長男の負担感が減り、しかも夫と長男の意向も満たされるので今の状況にほぼ満足していると言います。そして、長女と次女は「今のように本人がよい表情で、夫と長男の生活も落ち着いてできるのなら無理に施設でなくてもいい」と言いました。この家族は本人が穏やかでいることを中心に考えていたことも感じられました。

支援者の見立て⑦

一時は意見が一致したとしても、意思決定は状況に応じて変化することを留意する

　この家族にかかわりはじめてから、初めて施設入所に関する意見の一致が見られました。

　あたかもこれが結論のように見えますが、意思決定支援の過程の一時点での意向にすぎません。

　本人の心身状態と、家族の状況等によって、また意向は変わることを踏まえて、これからも家族４人の意向と、もう発話することのできない本人の表情と体全体から発せられる"本人の声"を逃さないように、次は看取りのプロセスも射程に入れて、最期の瞬間まで注意深くかかわり続ける必要があります。

　今後はこれまで以上に、医療、ショートステイ先の施設とも意思決定支援を共に行っていくこととなるでしょう。

参考文献

1） 令和元年度老人保健健康増進等事業「居宅介護支援及び介護予防支援における平成30年度介護報酬改定の影響に関する調査研究事業 報告書」p.28（三菱総合研究所，2020年）

2）「2022（令和4）年国民生活基礎調査の概況」p.23（厚生労働省，2023年）

3）「平成13年国民生活基礎調査の概況」（厚生労働省，2002年）

4）「2023（令和5）年国民生活基礎調査の概況」p.9（厚生労働省，2024年）

5） 鈴木和子ほか『家族看護学　理論と実践 第5版』p.46（日本看護協会出版会，2019年）

6） 上別府圭子ほか『系統看護学講座.別巻[8]家族看護学 第2版』p.18（医学書院,2024年）

7） 森岡清美＝望月嵩『新しい家族社会学 4訂版』p.69（培風館，1997年）

8） 木下康仁『ケアラー学に向けて』ダイヤニュース No.68，p.4（公益財団法人ダイヤ高齢社会研究財団，2012年）

9） 上別府圭子ほか『系統看護学講座.別巻[8]家族看護学 第2版』p.51（医学書院,2024年）

━━━━━ 執筆者・執筆協力者のご紹介 ━━━━━

○執筆者

・石山　麗子　博士（医療福祉学）

　国際医療福祉大学大学院　医療福祉経営専攻　先進的ケア・ネットワーク開発研究分野

　1992年武蔵野音楽大学卒業、音楽療法を通じて知的障害児入所施設に入職、障害者職業センター 障害者職業カウンセラーの経験を経て、2001年介護支援専門員。2005年東京海上日動ベターライフサービス株式会社入社、シニアケアマネジャーとして140名のケアマネジャーを統括。2013年国際医療福祉大学大学院博士課程修了。2015年 日本介護支援専門員協会 常任理事。2016年 厚生労働省老健局振興課 介護支援専門官。2018年 現職。

○執筆協力者（国際医療福祉大学大学院　家族支援研究会）

・大森　七　主任介護支援専門員

　有限会社大千　あおぞら介護サービス

・近藤　和代　主任介護支援専門員

　東京海上日動ベターライフサービス株式会社　みずたま介護ステーション板橋

・藤井　江美　主任介護支援専門員

　株式会社ブライトケア　ブライトケアプラン品川

・堀　さや子　主任介護支援専門員

　東京ほくと医療生活協同組合　地域ケアセンターはけた

・山崎　奈満　主任介護支援専門員

　日本赤十字社　福井赤十字病院居宅介護支援事業所

（2024年10月現在）

サービス・インフォメーション

―――――― 通話無料 ――――――

① 商品に関するご照会・お申込みのご依頼
TEL 0120(203)694／FAX 0120(302)640

② ご住所・ご名義等各種変更のご連絡
TEL 0120(203)696／FAX 0120(202)974

③ 請求・お支払いに関するご照会・ご要望
TEL 0120(203)695／FAX 0120(202)973

● フリーダイヤル（TEL）の受付時間は、土・日・祝日を除く
9：00～17：30です。

● FAXは24時間受け付けておりますので、あわせてご利用ください。

アセスメントでつかむ！家族の対応が難しい
ケースのケアマネジメント術
―意向が違う　サービスを拒む　暴言・暴力を振るう―

2024年12月20日　初版発行

編　著　石　山　麗　子
発行者　田　中　英　弥
発行所　第一法規株式会社
　　　　〒107-8560　東京都港区南青山2-11-17
　　　　ホームページ　https://www.daiichihoki.co.jp/
装　丁　安　藤　剛　史
装　画　千　葉　智　江

ケアマネ家族　ISBN 978-4-474-09440-6 C2036（9）